マンガでわかる! 10才までに覚えたい ことわざと慣用句800

花まる学習会代表 高濱正伸
花まる学習会 田畑敦子
監修

はじめに

みなさん、こんにちは。私は「花まる学習会」という学習塾の代表で、子どもに勉強を教える仕事を30年以上続けてきました。いろいろな家庭のさまざまな子育てをながめてきています。

その中で、成長してからこそ大きく伸びている人に注目してみました。その人の子どものころを振り返ってみて、何がちがうのかを観察してみたのです。そこで感じたのは、どんな科目より国語の力が大事で、国語力こそすべての学力の基礎だということです。国語力とは言い換えると、「言葉の豊富さ」「正しい言葉づかい」「豊かな表現力」などです。

〇**言葉の豊富さ**…たくさんの言葉を知っていて自由自在に使える。おさなくても大人っぽい言葉で話すことができ、しばしば「小さいのにすごいね」というリアクションをもらう。しりとりが強いという特徴となって現れることが多い。

〇**正しい言葉づかい**…会話の中で一語でも「言葉の言いまちがい」があるといやだと感じ、家族全員で正確な言葉で話すように心がけている。テレビでコメンテーターやアナウンサーがまちがった言葉をつかったら、「今の、〇〇じゃなくて△△って言わなきゃおかしいよね」と指摘するような家庭の文化がある。

○豊かな表現力…「比喩（まるで○○みたいだね、というような表現）」「言いたいことの事例」「気の利いた慣用句やことわざ」などを使いこなして、わかりやすく魅力的に伝えることができる。

この本は、まさにこんな国語の力を底上げして、あなたの学力の土台を強力にするものです。マンガで笑って楽しみながら「こんなことわざ（慣用句）があるんだな」と、まずは言葉を知ってください。そして、言葉を知って覚えたら、どんどんつかってみてください。

たとえば、二つのことを同時にやろうとして両方とも中途半端に終わった人がいたときに「二兎を追う者は一兎をも得ずって言うよね」とさらりと表現したり、日ごろからグローブを持ち歩いて、いじっていたりみがいたりしているくらい野球が大好きという子が、地区大会で優勝したというような場面では、「小さいころから野球づけで、野球の話ばかりしていたもんね。好きこそ物の上手なれの典型だね」と口にしたり……。

どうぞこの本を笑いながら読みふけり、たくさんの言葉を覚えて、新しい知識を積極的に口に出してみてください。大人になったときに、的確な言葉を選んで表現する、豊かな言葉づかいで魅了できる人になることを願っています。

花まる学習会代表

高濱正伸

おうちのかたへ

花まる学習会　田畑 敦子

で、何気なくつかっている言葉が実は慣用句だった、ということもあります。たとえば、「相手と気が合う」という意味の**馬が合う**。諸説ありますが、これは「乗り手と馬が一体である」ということからできた言葉です。

まずはマンガを読んで楽しく興味をもってもらいたいので、本書では一部を除きこういった語源は掲載していません。昔の言葉や知らない単語にお子様が興味をもったら、語源まで調べてみるように声をかけてください。新たな発見につながり、その言葉への理解がより深まるでしょう。

なお、二つ以上の言葉が組み合わさってある特

単語の意味を理解し語彙を増やす

ことわざは、古くから伝わる知恵や教訓などを言葉にしたものです。出来事や状況に対して使われることが多いです。**出る杭は打たれる**など、ポジティブな意味で使わない言葉もありますが、文化や風習に結びついたものが多くあります。そのため、現代の価値観とはずれているものもいくつかあります。

慣用句の「慣用」には、「広く一般に用いられること」という意味があります。日常生活の中

定の意味を表すものを慣用句といい、**朝飯前**、**瓜二つ**なども慣用句ですが、本書では助詞がついて2語以上になるものを中心に取り上げています。

言葉は体験と結びついて定着する

花まる学習会では、年中・年長クラスでは百人一首や四字熟語の素読を、低学年クラスでは四字熟語や古文・漢文の素読を行っています。この年齢の子どもたちは、知識を音声言語として獲得することが得意です。そのため、意味は伝えずにまずは日本語のリズム・言葉の美しさや響きを味わう力を育むようにしています。高学年クラスでは、テキストの文章に出てくる言葉から指定した語句6語、加えて四字熟語4語の計10語の言葉の意味を調べることを宿題としています。子どもたちは、その作業で意味を理解し、自分の言葉として使えるようになっていきます。

四字熟語は、「〇〇〇〇して謝ったが、許してもらえなかった」などの例文を読んで、当てはまるものを選択肢から選ぶ、というクイズ形式の授業も行っています（正解は「平身低頭」）。古文・漢文の素読では、中学校で習う作品も多く扱っています。いざその作品と教科書で出合ったとき、なんとなく知っている、リズムがわかる、というだけでも学びのハードルは下がるものです。

ことわざにも慣用句にも、今の子どもたちがイメージしづらい言葉が多くあります。たとえば、**風が吹けば桶屋が儲かる**の「桶」や、**月夜に提灯**の「提灯」。今でもつかわれているものですが、その名前を知らない子もいます。

ここ数年、1年生の子からのある質問が増えました。それは「おつりって何？」です。算数の文章題で「おつりはいくらでしょうか」という問題文を見ての質問でした。電子決済の普及で、お金そのものをつかわずに支払いをすることが多くなり、そもそも「おつり」という概念を知らなかったのです。言葉は経験とともに身についていくのだと強く実感する出来事でした。

埒が明かないの「埒」は柵や区切りのことをいいます。**折り紙を付ける**の「折り紙」は、文房具の色紙のことではなく保証書のことをいいます。このように、語源や単語の意味を知っているとイメージがしやすくなり、その言葉がつかわれた状況などについての理解もより深まります。語彙は学習のどの分野にもかかわってきます。先ほどの「おつり」のように単語の意味を知らないために、問題が解けなくなってしまうということは、極力減らしていきたいですね。

なお、**蛙の子は蛙、うどの大木、親の顔が見たい**など、現代には合わないことわざや慣用句も多く存在しますが、その言葉を知っているのはまちがったことではないと考えています。

語彙を増やすことは学力の素地をつくることにもつながります。お子様がわからない言葉があったら調べてみるように声をかけたり、「昔はこういうものがあってね……」と親子で話したりしてみてください。たとえばアニメを見て、知らない言葉がいくつあったか数えてみるのもおもしろそうですね。

生活の中で楽しくインプットすることで、前向きな学びにつながっていきます。実体験と結びつけて、一つひとつの言葉を自分のものにしていってもらえたらうれしく思います。

大人でも難しい！

間違いやすいことわざと慣用句

正しい意味を知っていますか？

①情けは人のためならず ➡ 人のためにはならん！　ではない

②三つ子の魂百まで ➡ 双子、三つ子の「三つ子」ではない

③気がおけない ➡「心を許せない」という意味と勘違いしがち

④手をこまねく ➡「手招き」をするイメージは間違い

その言葉、合っていますか？

⑤袖振り合うも多少の縁 ➡ 正しくは「袖振り合うも◯◯の縁」

⑥孫にも衣装 ➡ 正しくは「◯◯にも衣装」

⑦取り付く暇もない ➡ 正しくは「取りつく◯もない」

⑧的を得る ➡ 正しくは「的を◯◯」

単語の意味をわかっていますか？

⑨梅檀は二葉より芳しの「梅檀」

⑩紺屋の白袴の「紺屋」

⑪辻褄が合わないの「辻褄」

⑫現を抜かすの「現」

答え

①人に親切にすれば、いつかめぐりめぐって自分に返ってくるということ。　②幼い頃の性格や気質は、年を取っても変わらないということ。　③気楽に親しくつき合えるということ。　④「こまねく」は腕組みのことで、何もせずにただ見ていること。　⑤他生　⑥馬子（客や荷物を馬に乗せて運ぶ職業）　⑦島　⑧射る　⑨「せんだん」…二葉が芽生えるとよい香りがする植物。　⑩「こうや」…布を藍で紺色に染める職業。　⑪「つじつま」…着物の縫い目や裾の左右が合うところ。　⑫「うつつ」…普通の平穏な心のこと。

慣用句 800 の使い方

081
捨てる神あれば拾う神あり
もう相手にしてくれないかと思う相手がいる一方で、他方には助けてくれる人もいるということ。非難されたり見はなされたりしたからといって、くよくよすることはないということ。
類 渡る世間に鬼はない

082 大阪
触らぬ神に祟りなし
〈関わりをもたなければ、わざわいを受けることはないということから〉余計な手出しはしないほうがいいということ。
対 義を見てせざるは勇無きなり

（ ① ）ともいうし、あなたならきっと大丈夫ですよ。

他人のけんかに関わるのはやめよう。（ ② ）だ。

054

答え ①捨てる神あれば拾う神あり ②触らぬ神に祟りなし

■ マンガ

楽しく読んで言葉と意味を結びつけて覚えることができます。

■ 言葉

ことわざを 272 語、慣用句を 528 語掲載しています。

「ことわざ」は、昔から伝わる人々の知恵や教えを短い言葉で表したもの。

「慣用句」は、二つ以上の言葉を組み合わせて、ある特別な意味を表す決まり文句。

ことわざなのか慣用句なのかあいまいな言葉も多くあるので、本書ではどちらかに分類して紹介しています。また、世界（主に中国）の歴史や文化に由来する「故事成語」である場合もあります。

■ 受験によく出る！

中学受験で出題されることが多い言葉にマークがついています。特に大切な言葉なので、正しく覚えましょう。

■ いろはかるた

いろはかるたに使われていることわざは「京都」「大阪」「江戸」の３種類があります。⇨ 156 ～ 159 ページ

■ 意味

広く用いられている意味を中心に取り上げています。冒頭の〈　〉は、その言葉の由来や成り立ちを説明しています。

注 注意 参 参考…まちがいやすいところやポイント、補足などです。

類 類義語 対 対義語…その言葉とセットで覚えましょう。

■ 例文

マンガと合わせて読むと、より効果的に言葉の使い方を理解できます。

こんなふうに使ってみよう

「言葉」と「意味」を下じきなどでかくして、（　）に当てはまる言葉を考えてみましょう。形が変わる言葉（動詞や形容詞など）は、形の変わらない部分（語幹）が入っています。右下の「答え」で正解を確かめてください。

マンガでわかる！
10才までに覚えたい
ことわざと

おうちのかたへ

本書は、ふだんよく見たり聞いたりする言葉をお子さまが自然に身につけられるように作成しています。ことわざや慣用句には小学校で学習しない漢字が多く含まれていますが、視覚でも覚えられるようにふりがなつきで掲載しています。また、言葉によっては違う読み方や違う漢字、似た意味の別の熟語を用いるものもありますが、一般的な言葉を選んでいます。言葉の語源や由来、成り立ちには諸説ある場合があります。

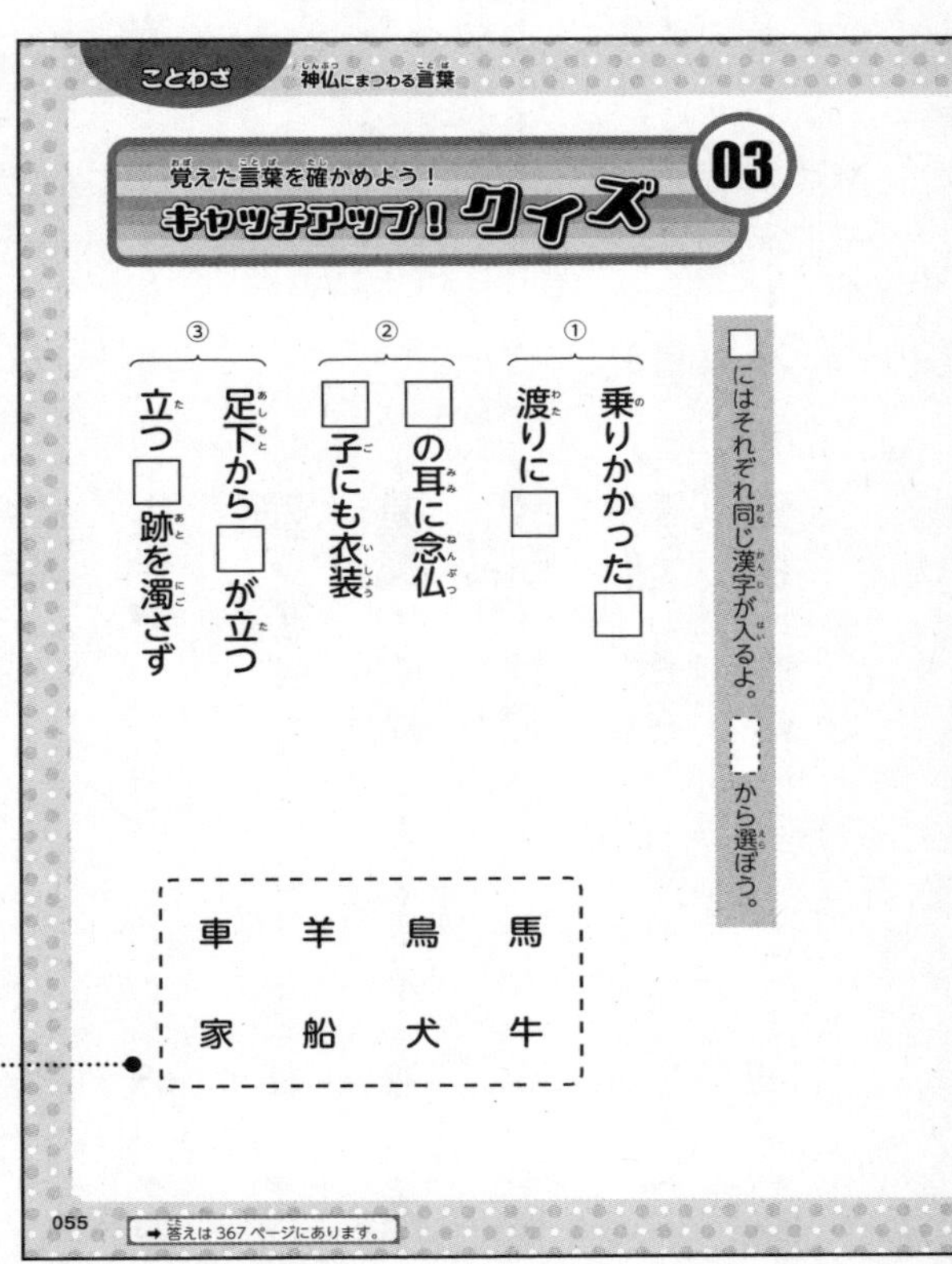

■ キャッチアップ！クイズ

この本で取り上げた言葉を用いたクイズです。正しく覚えられているか、力試しをしてみましょう。

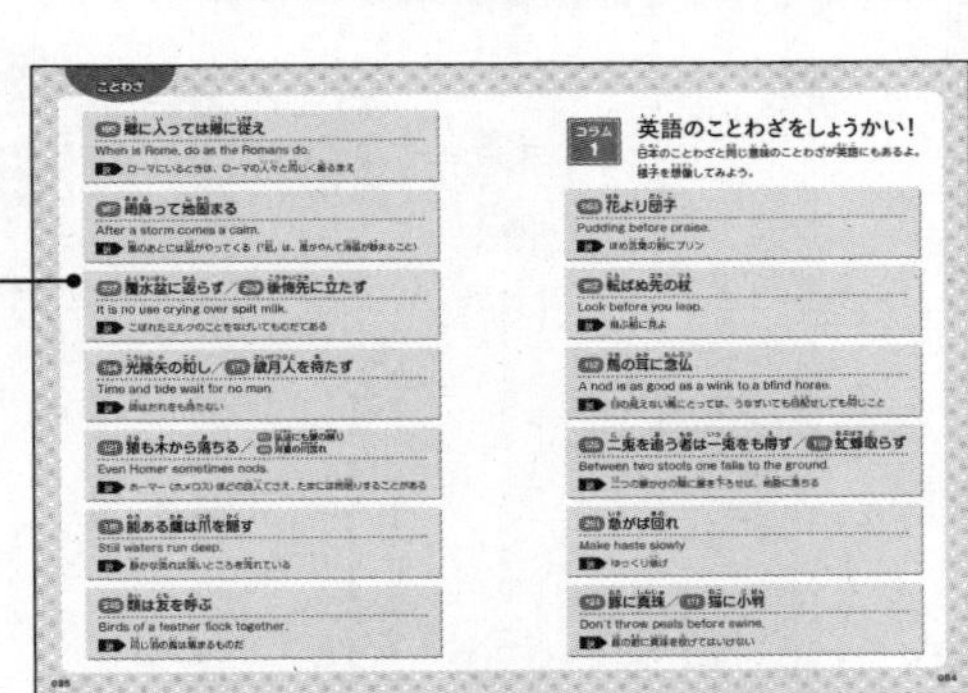

■ お役立ちコラム

言葉の成り立ちや背景、外国の言葉などを紹介しています。

もくじ

ことわざ

慣用句

コラム

キャッチアップ！クイズ

さくいん

001

親の七光り

親の地位や名声のおかげで、その子どもが得をすること。

今日から入社しました。七光七男です！よろしくお願いします!!

社長

さすがはわが子。立派なあいさつだ。

よし！明日からお前が社長だ！

な!!

社長

えええええ!!

あの新人は、（　①　）で入社試験を突破したというわさだ。

002

鳶が鷹を生む

〈鳶が、自分よりもすぐれた能力をもつ鷹を生むということから〉平凡な親からすぐれた子どもが生まれること。

「とび」は「とんび」ともいう。 対 蛙の子は蛙

音楽に興味のない家庭に育った子が指揮者になるとは、（　②　）んだようなものです。

答え ①親の七光り ②鳶が鷹を生む

003

かわいい子には旅をさせよ

子どもがかわいいならば、あまやかさずに苦労を経験させるほうが立派な人間になるということ。類 獅子の子落とし

（③）というから、一人で行ってみなさいな。無事に帰ってくるんですよ。

004

蛙の子は蛙

ふつうの親の子はやはりふつうの子、子は親に似るものだということ。注 身内について用いる。他人に使うのは失礼。

対 鳶が鷹を生む

ピアノは楽しいから、ひいてみなさい。
お母さんと同じはイヤ！
20年後
先生、ここうまくひけないよー。
ここはね…。
あれ？結局、私お母さんと同じことをしているわ。

結局、私が母と同じ職業に就いたのは、（④）ということなのかもしれません。

答え ③かわいい子には旅をさせよ　④蛙の子は蛙

005

形は産めども心は産まぬ

親と子の姿や顔つきは似るものだが、心は別でそれぞれちがうものだということ。

外見は母と似ているが、（　①　）というように好みや性格はまったくちがう。

006

子を持って知る親の恩

自分が親になって子育てをするようになると、親の愛情やありがたさがよくわかるものだということ。
対 親の心子知らず

（　②　）とはよく言ったもので、この年になって初めて母のありがたさがわかってきた。

答え ①形は産めども心は産まぬ　②子を持って知る親の恩

007

孝行のしたい時分に親はなし

親のありがたさがわかって大事にしたいと思ったときには、もう親は死んでしまっていることが多いということ。後悔しないように今、親孝行をしなさいということ。

（　③　）というから、今から一生懸命お手伝いをしよう。

008

他人の飯を食わねば親の恩は知れぬ

世間に出て苦労しないと、親のありがたみはわからないということ。「他人の飯を食う」は、親元をはなれて他人の家で暮らすこと。

キャンプに参加して初めて、（　④　）ということを実感した。

答え　③孝行のしたい時分に親はなし　④他人の飯を食わねば親の恩は知れぬ

江戸 009

老いては子に従え

年を取ったら何事も子どもの世代に任せて、言われるとおりにしたほうがいいということ。

年を取ってずいぶん体がいうことをきかなくなった。（ ① ）というし、畑仕事は息子たちに任せよう。

010

親の心子知らず

親が子を大事に思っていることを知らずに、子は自分勝手にふるまうものだということ。 対 子を持って知る親の恩

コンタの学費のために
もっと働かないとね。
今ごろ、がんばって
勉強しているかな。
そのころのコンタ
イエーイ
おどり
まくる
ぜー。

勉強もせずに、夜な夜な遊び歩くなんて、（ ② ）という言葉ではすまされませんよ。

答え ①老いては子に従え ②親の心子知らず

覚えた言葉を確かめよう！
キャッチアップ！クイズ 01

○には生き物が入るよ。下から選んで線で結ぼう。

① 取らぬ○の皮算用
まだ手中におさめていないものをあてにして、計画を立てること。

② ○に小判
貴重な物をあたえても、その価値のわからない人にとっては何の役にも立たないこと。

③ 藪をつついて○を出す
余計なことをして、かえって災難を招くこと。

④ ○の面に水
どんな仕打ちを受けても平気でいること。

・狸　・蛙　・蛇　・猫

➡ 答えは 367 ページにあります。

大阪 011

寝耳に水

思いがけない急な出来事や、知らせにおどろくこと。**類** 青天の霹靂／藪から棒

彼が引っ越してしまったなんて、（ ① ）だ。

京都 012

蛙の面に水

どんな仕打ちを受けても平気でいること。ひどいことをされても平然としていること。**類** 馬の耳に念仏／馬耳東風

「彼に注意しても、全然聞いていてくれないの。」
「そうそう、何を言っても（ ② ）だよね。」

答え ①寝耳に水 ②蛙の面に水

013

焼け石に水

そのことにかけた労力や援助が少なくて、効果がほとんど期待できないこと。

山火事から森をよみがえらせるために、
みんなで木の実を集めて植えるんだ!
これだけじゃ……
焼け石に水だなあ。

焼け野原に植物の種を植えたが、（　③　）で、元の森には当分もどせそうにない。

大阪　014

爪に火をともす

倹約して貧しく質素な生活をすること。ひどくけちなこと。

（　④　）ような節約をして、家を建てるためのお金を貯めた。

答え　③焼け石に水　④爪に火をともす

015

飛んで火に入る夏の虫

自分から進んで危険や災難に飛びこむこと。

その人数で敵の陣地に乗りこむのは、（　①　）ではないですか。

京都 016

幽霊の浜風

〈強い海の風に幽霊が吹き飛ばされそうになっているさまから〉元気がなく、迫力のないこと。 類 青菜に塩

「無口な彼だけど、今日は特に元気がないね。」
「静かすぎて、まるで（　②　）だね。」

答え ①飛んで火に入る夏の虫 ②幽霊の浜風

017

火のない所に煙は立たぬ

うわさが立つのは、何かしらの原因があるからだということ。

「明日、テストがあるってうわさ、知ってる？」
「（　③　）というから勉強して備えておこうよ。」

018

上手の手から水が漏れる

どんなに上手な人でも、たまには失敗することがあるということ。**類** 河童の川流れ／弘法にも筆の誤り／猿も木から落ちる

（　④　）で、プロも失敗することがあるんだね。

答え　③火のない所に煙は立たぬ　④上手の手から水が漏れる

019

風邪は万病の元

風邪はいろいろな病気を引き起こす原因となるから、たかが風邪だと思って油断してはいけないということ。「風邪は百病の元」ともいう。

（①）というから、早く帰って体を休めよう。

020

明日は明日の風が吹く

今日いやなことがあっても、明日には状況が変わるかもしれないので、先のことをあれこれと気にすることはないということ。

起きてしまったことをくやんでも仕方ないよ。（②）から、先のことを考えよう。

答え ①風邪は万病の元　②明日は明日の風が吹く

江戸 021

年寄りの冷や水

老人が体力のおとろえを考えないで、無理して危ないことをすること。また、そのような人をひやかす言葉。類 老いの木登り

サバンナマラソン大会、いよいよスタート！

こんなじいさん、大丈夫なのかな？

ヨロ ヨロ

ダパーン

はやっ!!

「そのお年でマラソンに挑戦なんてすごいですね。」

「（　③　）ですよ。無理をしないでがんばります。」

京都 022

立て板に水

つっかえることなく、すらすらと話すこと。

先生の説明は（　④　）で、つっかえることなく、すらすらと話す。

答え ③年寄りの冷や水　④立て板に水

江戸 023

鬼に金棒

〈強い鬼が強力な武器を持って、さらに強くなることから〉
強い者がさらに力をもって強くなること。

類 虎に翼

無敗のカンルーガ選手、圧倒的な力で今回も優勝！
ワー
ワー
わがジムにぜひ所属してくれたまえ！
伝説の名トレーナー、お願いします!!
ガシッ
てっぺんとるぞ!!
名門ジムに入って、さらに強くなるな…。

トレーナー…ここではボクシングの指導者の意味。

もともと強いボクサーなのに、さらに有名トレーナーがつくとは、これで（ ① ）だね。

024

鬼の霍乱

ふだん丈夫で健康な人が、めずらしく病気になること。

きたえていれば、かぜなんてひかないよ！
わあ、強そう！
ムキッ
muscle
今日、ゴリ夫くんはかぜでお休みです。
みなさんも気をつけましょう
えっ!?

いつも元気な彼がかぜをひくとは、（ ② ）だね。

025

鬼の目にも涙

ふだん厳しく冷たい人でも時には心を動かされて、やさしくなることがあるということ。

「あの乱暴者が泣いてあやまったの？」
「子犬に心を動かされたんだって。（③）だね。」

026

渡る世間に鬼はない

世の中は冷たい人ばかりではなく、心が温かくて親切な人もいるということ。 **類** 捨てる神あれば拾う神あり

迷子になって困っていたら、みんなが助けてくれた。（④）ね。

答え ③鬼の目にも涙 ④渡る世間に鬼はない

京都 027

来年のことを言うと鬼が笑う

明日何が起きるかもわからないのに、来年のことなどわかるはずもないということ。見通しがつかないことをあれこれ言っても意味がないということ。

まだ始めてもいないスポーツで優勝するだなんて、（ ① ）よ。

028

河童の川流れ

〈泳ぎの上手な河童でも、時には川の流れに流されることがあることから〉どんな名人でも、時には失敗することがあるということ。類 猿も木から落ちる／弘法にも筆の誤り／上手の手から水が漏れる

師範が失敗するなんて、（ ② ）とはこのことか。

答え ①来年のことを言うと鬼が笑う ②河童の川流れ

029

鬼の居ぬ間に洗濯

こわい人やうるさい人がいない間に、安心してくつろぐこと。

「鬼コーチがどこかに行ったぞ。」
「（　③　）だ、ひと休みしよう。」

030

どんぐりの背比べ

どれも同じくらい平凡で、比べても大差がないこと。

類 五十歩百歩／大同小異／似たり寄ったり

何回比べたって、大差ないよ。（　④　）だね。

答え ③鬼の居ぬ間に洗濯　④どんぐりの背比べ

京都 031

ひょうたんから駒が出る

〈ひょうたんから馬（駒）が出てくるはずがないということから〉起きるはずのないことが起きること。冗談が本当になること。 類 嘘から出たまこと

子どもでもいたら、にぎやかなのにねえ。
そうじゃなあ。
なんじゃあれは？
なんと、まあ！
夏休みの日記を提出してください。
ハイ
どれどれ
パラ
シラ〜
今日は、孫と一緒に盆栽の手入れをして楽しかった。
今日、息子と
おじいさんに手伝ってもらったな！

桃から男の子が生まれるなんて、（①）ような話だ。

032

木に竹を接ぐ

二つのちがう性質のものを接ぎ合わせても調和せず、前後のつり合いがとれないこと。つじつまが合わないこと。

この日記は、途中から（②）いだようなところがみられる。

答え ①ひょうたんから駒が出る ②木に竹を接

033

溺れる者は藁をもつかむ

困りきっている者は手段を選ばず、まったくたよりにならないものにでもすがろうとすること。

メンバーに欠員が出てしまい、（③）思いであらゆる人に声をかけた。

京都　034

栴檀は二葉より芳し

〈栴檀という植物は、二葉が芽生えるとよい香りがすることから〉将来大物になる人物には、幼いころからすぐれたところがあるということ。「二葉」は「双葉」とも書く。

対 大器晩成

「あの発明家は、小さいころから優秀だったのよ。」
「やっぱり（④）だね。」

答え ③溺れる者は藁をもつかむ　④栴檀は二葉より芳し

035

寄らば大樹の陰

〈雨宿りをするなら、生いしげった大きな木の下がよいことから〉助けを求めるなら、勢力のある人や大きな組織のほうがよいということ。

対 鶏口となるも牛後となるなかれ

ブヒ社
タブ社
ピグ社
就職先、どうしようかな？
安定した大企業がいいわよ。
福利厚生もしっかりしているし。
わかってないなあ。今どきはそういう考え方じゃないんだよ。

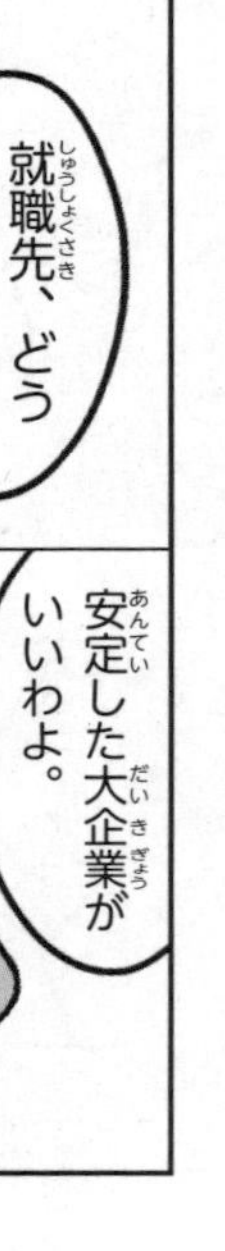

福利厚生…企業が従業員に提供するさまざまな制度。

（①）と思い、大企業で働くことを選んだ。

036

枯れ木も山のにぎわい

つまらないものでも、ないよりはましだということ。注 本人がへりくだる場合に使う。他人に対して使うのは失礼。

ざわ
ざわ
今晩、地域の交流パーティーを開催します！
ぜひみなさん、ご参加ください！
男性を増やしたいなあ…。
よかったら、参加しませんか？
おう、一度参加してみたいと思っていたんじゃ。

「パーティーに参加しませんか？」

「（②）ですね、参加させてもらいましょう。」

答え ①寄らば大樹の陰 ②枯れ木も山のにぎわい

037

実るほど頭を垂れる稲穂かな

〈稲は実が熟してくると先が重くなってたれ下がることから〉人は学問や徳が深くなると、自然とひかえめで、つつましくなるということ。「実るほど頭の下がる稲穂かな」ともいう。

やさしく思慮深い先生を見ていると、いつも（③）という言葉を思い出す。

038

隣の花は赤い

他人のものは自分のものよりもよく見えて、うらやましく思えること。他人の持つめずらしいもの、変わったものをすぐにほしがること。

類 隣の芝生は青い

素敵なシャツ！私もほしい！
何かちがうよねえ…？

そんなことないよ！
クックック

（④）というようなことばかり言うのはおよしなさい。あなたにはあなたの良さがあるんですよ。

答え ③実るほど頭を垂れる稲穂かな ④隣の花は赤い

039

うどの大木

〈野菜のうどは育つと食べることもできず、折れやすいので使い道がないことから〉体ばかり大きくて、何の役にも立たない人のこと。参「～柱にならず」と続く。類 大男総身に知恵が回りかね 対 山椒は小粒でもぴりりと辛い

体だけ大きくなって（ ① ）とからかわれないように、勉強もしっかりしよう。

040

言わぬが花

余計なことを言わないほうが、差しさわりがなくかえってよいということ。はっきり言わないほうがおもむきや利点があること。類 沈黙は金 雄弁は銀／言わぬは言うにまさる

入賞して喜んでいるけれど、参加者が3名だったということは（ ② ）だ。

答え ①うどの大木 ②言わぬが花

041

蒔かぬ種は生えぬ

原因がなければ、結果は生じないということ。何もしなければよい結果も得られないということ。**対** 棚から牡丹餅

とにかく種を植えて、野菜を育ててみよう！
こんなところで…!?
見て！　芽が出てきたよ！
えっ
にんじんができるのかな!?

（③）だ、まずは気候に合った作物を植えてみよう。

042

命あっての物種

何事も生きていればこそできるのであって、死んでしまったら何もできないということ。命を大切にしなさいということ。「～畑あっての芋種」と続く。**類** 死んで花実が咲くものか

（④）だから、危険なまねはおよしなさい。

断崖絶壁…非常に険しいがけ。

答え　③蒔かぬ種は生えぬ　④命あっての物種

043

木を見て森を見ず

物事の一部分だけにこだわって、全体を見ようとしないこと。「木を見て森を見ない」ともいう。

どんどん走って、ゴールをねらえ！
キャプテン！後ろでゾウくんがけがしているよ。
あっ、みんなの様子を見なくちゃいけなかったな。

（①）とならないように、チーム全体に気を配ろう。

044

医者の不養生

健康に注意するようにと言う医者が、自分の健康は気にしないこと。人には立派なことを言うのに、自分では実行しないこと。

類 紺屋の白袴／髪結いの乱れ髪／坊主の不信心

毎日1万歩歩くと、健康にいいからやってみな。
ええっ～、自分は1歩も歩かないのに!?
アハ
ねる子は育つ！

ダイエットをすすめる医者が太っているなんて…、（②）だね。

答え ①木を見て森を見ず ②医者の不養生

045

船頭多くして船山に上る

指示する者が多すぎてまとまりがつかず、思いがけない方向に物事が進んでしまうこと。「上る」は「登る」とも書く。

（③）ようなことにならないように、まずはリーダーを選ぶべきだ。

046

紺屋の白袴

あることの専門家でありながら、他人のためばかりに働き、自分のためにその技術を使うひまがないこと。いつでもできると思っているうちに、手つかずで終わること。**類** 医者の不養生／髪結いの乱れ髪／坊主の不信心

大工の父は他人の家を建て続けたが、（④）で自分はずっと借家住まいだ。

答え　③船頭多くして船山に上る　④紺屋の白袴

大阪 京都 047

武士は食わねど高楊枝

〈貧しくて満足に食べられなくても、武士は満足したように楊枝を使うことから〉実際はちがっても、人に弱みを見せないようにふるまうこと。やせがまんすること。 類 渇しても盗泉の水を飲まず

（ ① ）、仲間に弱気なところを見せるわけにはいかないぞ。

048

風が吹けば桶屋が儲かる

〈風が吹くとほこりで目を痛める人、三味線をひく人が増え、その材料の猫が減ってねずみが増え、ねずみが桶をかじって桶屋が儲かるという話から〉思わぬところに影響をおよぼすこと、あてにならないことを期待すること。

「どうして、今日は同じけがの患者が多いの？」

「（ ② ）というからね、何か理由があるんだろう。」

答え ①武士は食わねど高楊枝 ②風が吹けば桶屋が儲かる

京都 049

餅は餅屋

何事においても、その道の専門家がいるということ。専門家に任せれば、まちがいがないということ。

類 蛇の道は蛇

「専門業者にお願いしたら、5分で直してくれたわ。」
「やっぱり、（③）ね。」

050

馬子にも衣装

立派な服を着れば、だれでも見栄えがするということ。「馬子」は、客や荷物を馬に乗せて運ぶ仕事をしていた人のこと。

注 冷やかすときに使う言葉。

（④）なんて言わないでください。そのお着物、お似合いですよ。

答え ③餅は餅屋 ④馬子にも衣装

京都 051

糠に釘

無意味で何の役にも立たず、手ごたえのないこと。 類 暖簾に腕押し／豆腐にかすがい／馬耳東風

何度注意しても（①）で、まるで効き目がない。

052

俎板の鯉

〈俎板にのせられた鯉は、料理されるしかない運命であることから〉相手の思うがままにされるしか方法のない状態のこと。「俎上の魚」ともいう。

中継 男子ニンジン
ウマリンピック新競技「男子ニンジン」。
ウマ田選手の大技が決まりました!
ワー
ワー
でかしたぞ、やりきったな!!
結果はいかに!?
水

演技が終わって結果発表を待つ間は、いつも（②）の心境だ。

答え ①糠に釘 ②俎板の鯉

京都 053

下駄と焼き味噌

〈板に味噌をぬって焼いた「焼き味噌」の形が下駄に似ていることから〉見た目や形が似ている二つのものでも、まったくちがうものであること。

見た目が似ているビー玉とあめ玉だけど、（　③　）のようにまったくちがうものだ。

054

鴨が葱を背負って来る

〈鴨鍋の材料がそろうことから〉利用されるものが、さらに利益になるものを持ってくること。

きび団子、なんでこんなにいっぱい持ってきたんだよ…。
非常食だよ。
団子
あいつら、食料をたんまり持ってます！
じゅる
そりゃ、鴨葱だなあ。

敵が食料を持って攻めてくるなんて、（　④　）ようだな。

答え ③下駄と焼き味噌　④鴨が葱を背負って来る

055

棚から牡丹餅

何の苦労もなく思いがけずに幸運がやってくること。**対** 蒔かぬ種は生えぬ

今日までなんだけど、福引き券あげるわ、ブタ介くん。
わあ、ありがとうございます。
福引券
特賞ハワイ旅行大当たり!!
ガラガラン
ええ、本当!?

もらった福引券で特賞が当たるなんて、（　①　）だね。

056

濡れ手で粟

〈濡れた手で粟（雑穀の一種）をつかむと、たくさんくっつくことから〉何の苦労もせずに多くの利益を上げること。

類 一攫千金

全然つれない…。
ひょい
何だ、ぼうずかよ。ほら、持ってけ!
どっさり
わ〜い
これで家に帰れるぞ…。
ありがとう!!

ぼうず…魚つりで１ぴきもつれないこと。

つれた魚を分けてもらって大漁とは、（　②　）だったね。

答え ①棚から牡丹餅　②濡れ手で粟

大阪 057

桃栗三年 柿八年

〈実をつけるようになるまでに、どの年月がかかることから〉何事も実を結ぶまでには年数がかかるということ。参「～柚は九年」「～枇杷は九年でなりかねる」などの言い方が続く。

技を身につけるには（　③　）、長年にわたる修行が必要だ。

058

腐っても鯛

本当にすぐれているものは、いたんでもそれなりの値打ちがあること。

高価な物の価値が落ちないのは、（　④　）ということなのかもしれない。

答え　③桃栗三年 柿八年　④腐っても鯛

京都 059

吝ん坊の柿の種

柿の種さえも捨てるのをおしむ、極端にけちな人のこと。
「吝ん坊」は、けちな人のこと。

かぜをひいたの?
まだ使えるから取っておこうっと。
ぼくのティッシュをあげるからやめて!

物を大事にするのはすばらしいけれど、ティッシュペーパーを何度も使うのは（　①　）だよ。

060

山椒は小粒でもぴりりと辛い

体は小さくても能力にすぐれていて、あなどれないこと。

対 うどの大木

あんな小さな男の子がピンチを救ってくれるなんて、まさに（　②　）だ。

答え ①吝ん坊の柿の種　②山椒は小粒でもぴりりと辛い

061

楽は身の毒

苦痛や苦労のない満ち足りた生活が続くと、かえって健康を害してしまうということ。

062

火中の栗を拾う

他人の利益のために、自分から危険をおかすこと。

（③）というように、生活には多少のストレスが必要だ。

親友のためなら、（④）ことをもいとわない。

答え　③楽は身の毒　④火中の栗を拾う

江戸 大阪 063

花より団子

風流な美しさをながめるよりも、実際に役立つもののほうがよいということ。

ねえ見て！紅葉がとてもきれいよ。
この駅弁、すごくおいしい！
パクパク
Beer
トンカツ弁当
本当においしかったね！
次の駅でも買えるかな？
二人とも花より団子ね。

ぼくは（　①　）だから、景色を見るよりもおいしいものを食べに行きたい。

大阪 064

大食上戸餅食らい

大食いで酒飲みなうえに、餅までも食べるような人ということ。「上戸」は、酒をたくさん飲む人。

（　②　）がそろうパーティーだから、料理もお酒もたくさん用意しましょう。

答え ①花より団子 ②大食上戸餅食らい

065

爪の垢を煎じて飲む

すぐれた人や立派な人にあやかろうとすること。

ダ～ラ
ダラ
冬に向けてがんばって働こう。
キリギリスくん。なまけてばかりいないで、少しはアリさんたちを見習おうよ…。
ハア？

なまけ者のキリギリスくんには、働き者のアリさんの（ ③ ）ませよう。

066

毒を以て毒を制す

悪をおさえるために、ほかの悪を利用すること。 対 火は火で消えぬ

ねち
ねち
ねち
ブタ子先輩の新人イジメが始まった！
ブタ子先輩が苦手なイノ助さんに告げ口しちゃおう。
おい、ブタ子、勝手なことするんじゃねーぞ！
あっ、あの…えっと、これは…。
たすかった～!!
ピュ～

（ ④ ）というが、くせ者同士の争いは激しい展開になった。

くせ者…したたかな性格の人。

答え ③爪の垢を煎じて飲 ④毒を以て毒を制す

067

毒を食らわば皿まで

一度悪事をはたらいた者が、次第に悪事を重ねていくこと。悪事を最後までやり通そうとすること。

ペンキがあるよ!
ちょっと落書きしちゃおうよ。
だれかに見つかっちゃうよ〜。
ペタペタ
あとちょっとだから、完成させたい!

「もう落書きはやめようよ。」
「あと少し、（　①　）さ、完成させよう!」

京都 068

豆腐にかすがい

何の反応も効果もないこと。「かすがい」は、2本の材木をつなぎ止めるための両端が曲がった大くぎ。 類 暖簾に腕押し／糠に釘

何度言っても話が伝わらず、（　②　）という気分だ。

答え ①毒を食らわば皿まで　②豆腐にかすがい

覚えた言葉を確かめよう！
キャッチアップ！クイズ 02

ことわざの意味に合う言葉を、ひらがなで□に入れよう。

④			②			
			③			①

タテのカギ

① 鳶が○○を生む
平凡な親からすぐれた子どもが生まれること。

② ○○の耳に念仏
意見や忠告などをしても、まったく効きめのないこと。

ヨコのカギ

③ ○○○○の鯉
相手の思うがままにされるしか方法のない状態のこと。

④ ○○○○を捕らえて縄をなう
ふだん用意をおこたっていて、困りごとが起きてからあわてて準備すること。

➡ 答えは 367 ページにあります。

069

地獄で仏に会ったよう

苦しいときやピンチにおちいったときなどに、思いがけない助けを得られうれしく感じること。 類 闇夜に提灯

あの日、さばくでラクダに助けられたことは、（①）だった。

070

天は二物を与えず

天は、才能などのすぐれたものを一人にいくつも授けることはしないということ。人はだれしも長所と短所、美点と欠点をかね備えた存在であるということ。

（②）というが、攻守にすぐれた彼のことは、ついついうらやましく思ってしまう。

攻守…攻めることと守ること。

答え ①地獄で仏に会ったよう ②天は二物を与えず

071

弘法筆を選ばず

〈書の名人・弘法大師は、粗末な筆でも立派な文字を書いたことから〉名人は道具のよしあしを問題にしないということ。物事の出来不出来は腕前によるということ。

いよいよ短きょり走のスタートです。
あっ…!!
ペローン
チータ選手、トラブルをものともせず優勝です!!
バヒュン
なんの!!
ペコ
ペコ
けん玉大会、決勝です！
何回続けて玉をのせられるのか!?
ワーッ
ワーッ
まずは達人、ヤギ師匠の登場です!!
よ～い、スタート!!
ありゃ？
ポロッ
ズコーッ

底のはがれたシューズで優勝するなんて、（③）だ。すごい選手だな。

072

弘法にも筆の誤り

〈書の名人・弘法大師でも、時には書き損じることがあるということから〉その道の達人にも失敗はあるということ。

類 猿も木から落ちる／河童の川流れ／上手の手から水が漏れる

師匠がそんな初歩的なミスをなさるなんて、（④）ですね。

答え ③弘法筆を選ばず ④弘法にも筆の誤り

073

三人寄れば文殊の知恵

特別に頭のよい者でなくても、三人集まって相談すれば、よい案が出るものだということ。

どうしたら彼のやる気を取りもどせるかな…。
鬼たいじとかマジだるい
オレたちもいっしょに考えるよ！
きび団子、増やしてみる？
おにぎりのほうがいいんじゃない？
好物の桃もあげてみよう！

「三人で考えたら、すぐにいい案が出たんだ。」
「すごい！（①）だね。」

074

地獄の沙汰も金次第

〈地獄の沙汰（裁判）では、金をわたすと有利な判決が下されることから〉世の中が金の力で動いているということ。

類 金が物を言う

この先は、何人たりとも通すことはできない！
えーっ
ホホホ…
そんなかたいことを言わず…。これでいかが？
よし、通れ！

（②）とはよく言ったもので、この世でもわいろはなくならない。

わいろ…不正な目的でおくる金品。

答え ①三人寄れば文殊の知恵 ②地獄の沙汰も金次第

大阪 075

天道人を殺さず

天はどんな人も見捨てることはないということ。天の情けが深く広いこと。

わ〜い♪

今までさんざん悪さをしてしまった。

死んでおわびをしよう…。

ヒュウウゥ

親分、何言ってるんですか。

「天道人を殺さず」って言うじゃないですか！元気出して!!

ガシッ

お、おれ、鬼だけどな…。

「一生かけて悪事をつぐないます。」

「（　③　）というじゃないか。今からやり直そう。」

京都 076

仏の顔も三度

仏のようにやさしくおだやかな人でも、無礼なことを何度もされれば腹を立てるということ。

それ〜っ

や〜い

畑が…。

ある日

うっ！

コツン

ずっと我慢してたけど、

鬼め、もう許さないぞ！

今までずっとたえてきたが、（　④　）までだ。もう許さないぞ。

答え　③天道人を殺さず　④仏の顔も三度

江戸 077

聞いて極楽 見て地獄

話に聞いたものと実際に体験するものとでは、大きな差があるということ。 類 聞くと見るとは大違い

事前の報告では簡単そうに思えたが、（①）、実際にやってみると、とても大変だった。

江戸 078

知らぬが仏

実情を知ればいざこざも起きるだろうが、知らないでいれば平静でいられるということ。 注 当人だけが知らずにいることをばかにして言う場合にも使う。

いったいどんな事情があるのか。（②）というけれど、気になって仕方がない。

079
苦しい時の神頼み

日ごろ信仰心のない者でも、苦しいときや困ったときは神仏にいのって助けを願うこと。ふだんあまりつき合っていない人に、苦しいときだけ頼ろうとすることをたとえていう言葉。参 身勝手さ

独り立ちはまだ早いぞ!
はなせっ
もう、父さんには頼らないんだ!
じゃあね!!
どこ行くんだ~?
オラ オラ
父さん、助けて!!
もーっ
ピャ~
やべっ

困ったときだけ助けを求めるのは、（③）というものだよ。

080
借りる時の地蔵顔 済す時の閻魔顔

物やお金を借りるときは愛想のよい顔をして、返すときは不機嫌な顔をすること。「済す」は、返済すること。

そのプラモデル、少しだけ貸してくれない?
いいよ! ちょっとだけね。
プラモデル、そろそろ返して。
えーっ…
もうちょっと待ってよ~。

気をつかって貸してあげたのに、（④）でなかなか返してくれなかった。

答え ③苦しい時の神頼み ④借りる時の地蔵顔 済す時の閻魔顔

081

捨てる神あれば拾う神あり

もう相手にしてくれないかと思う相手がいる一方で、他方には助けてくれる人もいるということ。非難されたり見はなされたりしたからといって、くよくよすることはないということ。

類 渡る世間に鬼はない

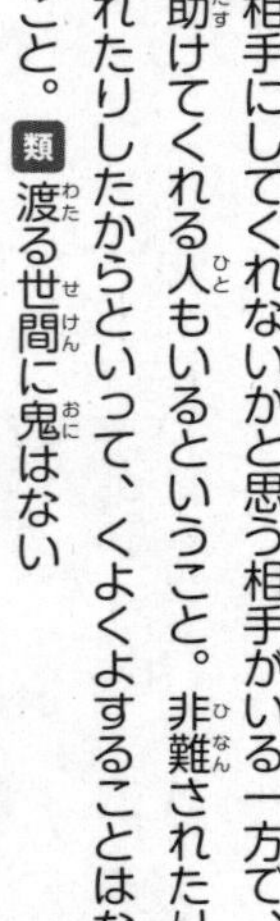

大阪 082

触らぬ神に祟りなし

〈関わりをもたなければ、わざわいを受けることはないということから〉余計な手出しはしないほうがいいということ。

対 義を見てせざるは勇無きなり

（ ① ）ともいうし、あなたならきっと大丈夫ですよ。

他人のけんかに関わるのはやめよう。（ ② ）だ。

答え ①捨てる神あれば拾う神あり ②触らぬ神に祟りなし

覚えた言葉を確かめよう！

キャッチアップ！クイズ 03

□にはそれぞれ同じ漢字が入るよ。□から選ぼう。

①
乗りかかった□
渡りに□

②
□の耳に念仏
□子にも衣装

③
足下から□が立つ
立つ□跡を濁さず

馬	鳥	羊	車
牛	犬	船	家

➡答えは367ページにあります。

083

一事が万事

一つの事柄や行為を見れば、ほかのすべてのことがわかるということ。参 よくないことに使う場合が多い。

だらしがない彼は、（ ① ）やることすべてが雑だ。

084

九死に一生を得る

死をまぬがれないような状態、危ないところからかろうじて助かること。類 万死一生

凍死寸前のところを発見され、（ ② ）た。

085

七転び八起き

何回失敗してもくじけないで立ち直ること。人生において、うきしずみの多いこと。「七転八起」ともいう。

何度負けても決してあきらめない、（③）の精神でがんばるぞ！

京都　086

二階から目薬

物事がうまく進まずにもどかしいこと。遠回しすぎて効果がないこと。注 確率が低いことがまぐれで当たるという意味で使うのはまちがい。類 隔靴掻痒

コート、前をしめないで寒くない？
ピシッとしたところを見たいな。
えっと、えっと…。
ムッ
さっきから何だよ？
チャックが開いている

そんなやさしい言い方では、（④）です。はっきり言わないと伝わりませんよ。

答え ③七転び八起き ④二階から目薬

087 万事休す

すべてが終わった、もはやどうにもしようがなくなった、お手上げだということ。

大勢の敵に囲まれてしまった。（　①　）、にげ道もない。

088 ローマは一日にして成らず

〈偉大なローマ帝国は、長い年月をかけて大きな国となったことから〉大事業は長い年月と大きな努力によって、成しとげられるということ。

「完成するまで本当に大変でしたね。」
「五十年かかりました。（　②　）ですね。」

答え ①万事休す　②ローマは一日にして成らず

京都　089

一寸先は闇

すぐ先のことでも予測はできないということ。「一寸」は、約3センチメートル。参 油断をいましめる意味でも用いる。

「玉手箱を開けようと思うんだ。」
「（　③　）だよ。よく考えたほうがいい。」

090

三度目の正直

一度や二度では当てにならないが、三度となれば信じてもよいということ。何かをするとき、初めの二回は失敗しても、三回目ぐらいにはうまくいくということ。

うーん、おいしくない…。
よーし!
もう一度、出汁から取り直してみよう。
二度目
なんか今ひとつ…。
三度目
おいしい、この味だ!

（　④　）で、今度こそ成功させるぞ。

答え ③一寸先は闇　④三度目の正直

091

習慣は第二の天性なり

習慣はあとから身についたものだが、しっかりと身につくと生まれつきの性質のようになるということ。

うさぎのジャンプ力も（　①　）で、もともとは低くしかとべなかったのかもしれない。

092

人の噂も七十五日

世間で噂されるのは一時的なことで、あとは自然に忘れられてゆくものであるということ。

森のスーパー
大変だ! 隕石が近いうちに落下するらしいぞ!!
キャーワー
ええっ、食料を買いこんでおかなきゃ!
米
森のスーパー
隕石、落ちなかったね～。
そういえば、そんな噂もあったね～。

（　②　）とはよく言ったもので、今では話題にも上らない。

答え ①習慣は第二の天性なり ②人の噂も七十五日

覚えた言葉を確かめよう！
キャッチアップ！クイズ 04

ことわざの意味に合うように、文字を正しく入れかえよう。

①自分より地位や実力が上で、じゃまに感じること。

こ｜の｜目｜の｜ぶ｜上

↓

②似ているところはあるが、実質は比較にならないほどちがうこと。

ぽ｜す｜っ｜と｜月｜ん

↓

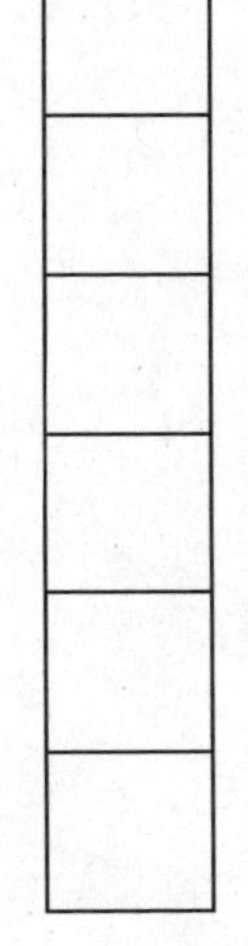

③仏のようにやさしくおだやかな人でも、無礼なことを何度もされれば腹を立てるということ。

三｜仏｜も｜顔｜の｜度

↓

➡答えは 367 ページにあります。

093

当たるも八卦 当たらぬも八卦

うらないは当たることもあれば、外れることもあるということ。必ずしも的中しないものだということ。「八卦」は、うらないのこと。

うらないで悪い結果が出ても、（　①　）だから気にすることはない。

094

二度あることは三度ある

同じようなことが二度続いて起きれば、もう一度起きる可能性が高いので、十分に注意することが大切であるということ。

参 悪いことが重なって起きるときに用いる。

体育があるのに体操着を忘れた!!
ガーン
うわっ、ハンカチ忘れた…。
忘れ物2回目…
下校時
水筒、忘れてるよー。
えーっ!!
サンキュー!!
今日で3回!?

（　②　）から、忘れ物には気をつけてね。

答え ①当たるも八卦 当たらぬも八卦 ②二度あることは三度ある

095 大阪

一を聞いて十を知る

物事の一部を聞いただけで、その全体を理解すること。才知にすぐれ、非常にかしこいこと。 類 目から鼻へ抜ける

096

三つ子の魂百まで

幼いころの性格や気質は、年を取っても変わらないということ。「三つ子」は、3才の子どものこと。 類 雀百まで踊り忘れず

彼は（③）ことができるので、説明するのも短くてすむ。

（④）とはよく言ったもので、子どものころから質問好きだ。

答え ③一を聞いて十を知る ④三つ子の魂百まで

大阪 097

六十の三つ子

年を取ると子どもに返って、3才の子どものように無邪気になったり、分別がなくなったりするということ。「六十」は60才のこと。

もしかして…太郎父さん？
ずっと探していたんだよ！
えっ！
すまなかったのう。急に年を取ってしまったが、父さん、まだまだがんばるぞ！
イェイ
イェイ
よかった！

（①）とはいうが、今の六十才はまだまだ若い。

098

心は二つ 身は一つ

心の中ではあれもしたいこれもしたいと思っているが、体は一つなので、思うようにいかないこと。欲張ること。同時に二つのことはできないということ。

類 二兎を追う者は一兎をも得ず

4番バッターにもなりたいし、ピッチャーもやりたいんだ。
どうしよう…
両方をめざしてみればいいさ。ゴリ平ならできる！
かんとく!!
二刀流!!
フッ
やってみるっす！

（②）というけど、時間をかけてどちらもやればいいんだよ。

答え ①六十の三つ子 ②心は二つ身は一つ

099

聞くは一時の恥 聞かぬは一生の恥

知らないことを聞くのは、そのときは恥ずかしい気がするが、知らないままでいるほうが、いつまでも無知の恥をさらすことになるということ。

（③）だから、わからなかったら質問しよう。

100

六十の手習い

年を取ってから学問や習いごとを始めること。「老いの手習い」ともいう。「六十」は60才のこと。

よーし、わしは明日から茶道を始める!
エッ?
急にどうしたの?
めっちゃ
本格的!

（④）で、父は退職してから茶道を習い始めた。

答え ③聞くは一時の恥 聞かぬは一生の恥 ④六十の手習い

101 石の上にも三年

〈冷たい石の上にも三年座り続ければ温まるということから〉どんなにつらくてもしんぼう強くがんばれば、いつか報われる時が来るということ。根気強いこと。

すぐにできる者なんていない。（①）、あきらめずに努力しよう。

102 早起きは三文の徳

早起きすると何かと良いことがあるということ。「三文」は、昔のお金でわずかな金額のこと。「徳」は「得」とも書く。「朝起きは三文の徳」ともいう。

早く起きちゃったからラジオ体操でもやってみるか。
早起きえらいわね〜。牛乳あげる!
ごほうび
朝からラッキー!!
エッ!!

早起きを習慣にしたら、体調がよくなった。（②）というのは本当だ。

覚えた言葉を確かめよう！ キャッチアップ！クイズ

正しいことわざになるように線で結ぼう。

①飛んで火に入る ・ ・鯛
②月夜に ・ ・提灯
③昔取った ・ ・夏の虫
④腐っても ・ ・杵柄
⑤棚から ・ ・牡丹餅

➡答えは367ページにあります。

103

鵜の目鷹の目

〈鳥の、鵜や鷹が獲物を探し求めるときのような目つきのことから〉しつこくものを探し出そうとするときのするどい目つきのこと。参 他人の欠点などを探る様子に用いることが多い。

手強い敵には、（①）で弱点を探し出すんだ。

江戸 104

泣き面に蜂

〈泣いている人の顔を蜂がさして、さらに泣かせるということから〉よくないことが重なって起こること。「泣きっ面に蜂」ともいう。類 踏んだり蹴ったり／弱り目に祟り目

わあ、遅刻だ！
ズテッ
いたたた!!
ふう、やっと着いた…。
エッ
休校
今日休み!?

そんなついていないない一日だったとは…。（②）だね。

答え ①鵜の目鷹の目 ②泣き面に蜂

105

月とすっぽん

〈月とすっぽんは丸いことは共通するが、まったくちがうものであることから〉似ているところはあるが、実質は比較にならないほどちがうこと。類 雲泥の差／提灯に釣り鐘

アチョー!!
フフッ
まだまだじゃの。わしなら指だけで…。
ほいな!
ゴゴゴ〜
す、すごすぎる…。

ぼくと師匠では、（③）ほどの実力差がある。

106

鶴は千年 亀は万年

〈鶴や亀は、千年・万年も長生きするといわれたことから〉長寿でめでたいこと。

師匠、100才おめでとうございます!
祝 百寿
いつまでも元気でいてくださいね。
わしゃ、鶴は千年亀は万年をめざしておるぞ!
おお〜っ

（④）と言いますから、まだまだ長生きしてください。

答え ③月とすっぽん ④鶴は千年 亀は万年

107

亀の甲より年の劫

年長者の人生経験は尊重すべきであるということ。「甲」は甲羅、「劫」は非常に長い時間のことで「功」とも書く。

類 老いたる馬は道を忘れず

おばあちゃん、のどが痛いんだけど…。
イガイガ
はちみつをなめると、痛みが和らぐよ。
本当だ！ありがとう、おばあちゃん。
えっへん
はちみつ

（ ① ）で、困ったときは祖母に聞くのがいちばんだ。

江戸 108

犬も歩けば棒に当たる

何かをしようとすれば、何かの災難にあうことも多いということ。出歩けば、思いがけない幸運にぶつかるということ。

今日は山の自然環境を調査する。
ハイ!!
みんな、しっかりたのむぞ！
おっ！
ここほれ
ここほれ
ワンワン!!
隊長、金貨です！

山の中を歩いていたら、金貨を見つけた。（ ② ）とはこのことだ。

答え ①亀の甲より年の劫 ②犬も歩けば棒に当たる

京都　109

雀百まで踊り忘れず

幼いころに習ったり身につけたりした習慣や習性は、年を取っても忘れず改まりにくいものだということ。類 三つ子の魂百まで

（③）とはよく言ったもので、彼の遅刻ぐせはずっと直らないままだ。

110

逃がした魚は大きい

一度手に入れ損なったものは、ことさらすばらしく思われるということ。

こんなに価値が上がるなんて、（④）なあ。

答え　③雀百まで踊り忘れず　④逃がした魚は大きい

111 京都

猫に小判

貴重な物をあたえても、その価値のわからない人にとっては何の役にも立たないこと。

類 豚に真珠／馬の耳に念仏

吾輩はネコである。
ネコじゃらしが大好きだ。
楽しいニャー
これあげる。
小判には興味がない。

（①）になってしまうから、価値のあるものはその価値がわかる人にあげよう。

112

馬の耳に念仏

意見や忠告などをしてもまったく効きめのないこと。相手が興味をもっていないものをあたえても意味がないこと。

類 馬耳東風／蛙の面に水

生徒たちに注意しても（②）で、すぐにおしゃべりを始めてしまう。

答え ①猫に小判 ②馬の耳に念仏

113

蛇の道は蛇

その道のことは同類の者がよく知っているということ。

類 餅は餅屋

すぐに犯人を見ぬくとは、さすが名探偵、（③）だな。

114

立つ鳥跡を濁さず

立ち去るときは見苦しくないようきれいに後始末しておくべきであるということ。引き際がきれいであること。

対 後は野となれ山となれ／旅の恥はかき捨て

（④）というから、引っ越すときは部屋をきれいに掃除しよう。

答え ③蛇の道は蛇 ④立つ鳥跡を濁さず

115

蓼食う虫も好き好き

〈よりによって、からい蓼の葉を好んで食べる虫がいることから〉人の好みはいろいろであるということ。注 よい意味では使わない。

（①）というが、彼女の好みはあまりにも片寄っている。

116

魚心あれば水心

相手がこちらに好意を示せば、こちらもそれに応えようという気持ちになるものだということ。

（②）ともいうから、ていねいな接客を心がけよう。

答え ①蓼食う虫も好き好き ②魚心あれば水心

覚えた言葉を確かめよう！

キャッチアップ！クイズ 06

日本のことわざと似た意味の、外国のことわざを線で結ぼう。

① **花より団子**

風流な美しさをながめるよりも、実際に役立つもののほうがよいということ。

② **飛んで火に入る夏の虫**

自分から進んで危険や災難に飛びこむこと。

③ **船頭多くして船山に上る**

指示する者が多すぎてまとまりがつかず、思いがけない方向に物事が進んでしまうこと。

韓国 かぼちゃをかぶって豚小屋に入る

イギリス 鳥の歌声よりパンのほうがよい

インド 修行僧が集まりすぎると僧院は荒れ果てる

➡答えは367ページにあります。

117

犬猿の仲

〈犬と猿は仲が悪いとされていることから〉非常に仲が悪いこと。顔を合わせれば、いがみ合うような間柄のこと。

お前なんかに負けるもんか！オレのほうが速い!!
それはこっちのセリフだ！オレのほうが速い!!
ドドド
60年後
わしのほうが元気！
いいや、わしのほうが元気！
ヨボヨボ
ヨボッヨボッ

彼とは（　①　）で、子どものころからけんかばかりしていた。

118

能ある鷹は爪を隠す

高い能力のある者は、それを人前で自慢したりしないということ。実力がある者は、必要のないときにはその力を見せないということ。

やっぱり休けいをはさまないと、続かないよねえ。
だろー？
ここからが勝負だっ！
ドドド

できないふりをしているけど、（　②　）で、実はプロ級の腕前らしい。

答え ①犬猿の仲 ②能ある鷹は爪を隠す

119

虻蜂取らず

〈虻と蜂とをいっぺんに取ろうとして、どちらもにがしてしまうことから〉欲張って、かえって失敗すること。類 二兎を追う者は一兎をも得ず 対 一石二鳥／一挙両得

あなたが落としたのは、金のおのですか？
それとも銀のおのですか？
2つともです。両方ください。
スー……
ブッブー。

つい欲を出してしまい両方取りにがした。これでは（③）だ。

120

一寸の虫にも五分の魂

弱い者や貧しい者でも、それ相応の意地や根性があるので、あなどってはいけないということ。参 自分にも意地があることを表現するときに使う。

一寸法師め、お前なんか相手にならんわ。どけっ！
小さいからといってあなどっては困るな！
ブス
ブス
わあ、いてててて。
どりゃーっ

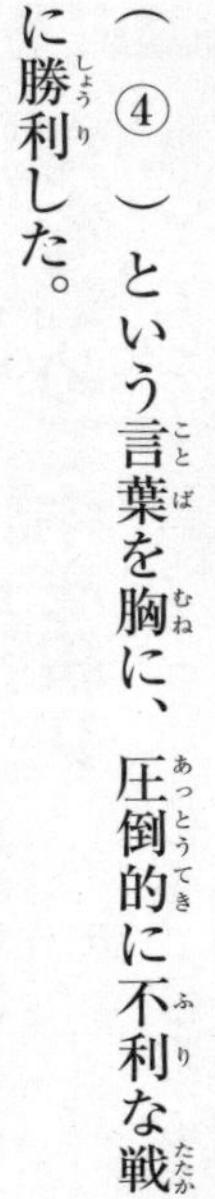

（④）という言葉を胸に、圧倒的に不利な戦いに勝利した。

答え ③虻蜂取らず ④一寸の虫にも五分の魂

121

猿も木から落ちる

その道に熟練している者であっても、時にはしくじることがあるということ。類 河童の川流れ／弘法にも筆の誤り／上手の手から水が漏れる

「得意な技でミスをするなんてめずらしいね。」

「（　①　）ということもあるんだよ。」

122

角を矯めて牛を殺す

〈曲がっている牛の角をまっすぐにしようとして、牛を殺してしまうということから〉わずかな欠点を無理に直そうとして、かえって全体をだめにしてしまうこと。類 枝を矯めて花を散らす

監督、彼のスイングだと空振りしやすいのでは。
いや、あれでいいんじゃ。
彼のパワーがあれば、必ずホームランバッターになるぞ。

（　②　）ことにならないよう、長所を伸ばしていこう。

答え ①猿も木から落ちる　②角を矯めて牛を殺す

123 飼い犬に手を噛まれる

日ごろ大事に面倒を見ていた者から、思いがけず害を受けること。**類** 恩を仇で返す

王様のおな～り～だワン。
よしよし側近よ、私をほめたたえたまえ。
わが王様は、はだかなのに服を着ていると思いこんでるワン。
えええええ!!

側近…権力者の近くに仕える人。

側近の部下に裏切られるとは、（③）のと同じだ。

124 豚に真珠

貴重なものを、その価値を理解しない者にあたえること。**参** 元はキリスト教の『新約聖書』の言葉。**類** 猫に小判

味のちがいがわからなければ、この料理は（④）だ。

答え ③飼い犬に手を噛まれる ④豚に真珠

125

二兎を追う者は一兎をも得ず

欲を出して二つのことを一度にしようとすると、どちらもうまくいかないということ。**類** 虻蜂取らず **対** 一石二鳥／一挙両得

ウサスケくん、今日は私と遊園地に行くって言ったよね？
だめよ、ウサスケくん、私と映画の約束よ？
両方行こう！
さようなら。

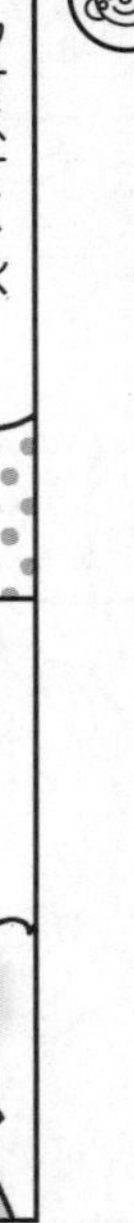

（①）というけど、ぼくはどちらも手に入れたいんだ。

126

猫に鰹節

過ちが起きるおそれのある状態をつくること。好物につられてまちがいを起こしやすいこと。危険で油断ならないこと。

そろそろ、買い物に行ってこようかしら。
帰宅後
あら、ここに置いてあったハチミツがないわ。

どろぼうの目の前で戸じまりを忘れるなんて、（②）をあたえるようなものだ。

答え ①二兎を追う者は一兎をも得ず ②猫に鰹節

127

藪をつついて蛇を出す

余計なことをして、かえって災難を招くこと。**類** 寝た子を起こす

お願いごとをするタイミングが悪く、（　③　）ことになってしまった。

128

雉も鳴かずば撃たれまい

余計なことを言ったために災難を招くこと。「撃」は「打」とも書く。

（　④　）、それを言うのは今ではありません。

答え ③藪をつついて蛇を出す ④雉も鳴かずば撃たれまい

129

海老で鯛を釣る

わずかな品物や労力で、大きな利益を得ること。

ちょっとの手伝いでおこづかいがもらえた。（①）ったな。

大阪　130

牛を馬に乗り換える

〈足のおそい牛から、足の速い馬へ乗り換えることから〉自分にとって不利なものは捨て、好都合なほうに便乗すること。参 逆の意味で「馬を牛に乗り換える」ということわざもある。

将来のことを考えて行動しよう。（②）決断が必要な時だ。

答え ①海老で鯛を釣る ②牛を馬に乗り換える

131

取らぬ狸の皮算用

〈つかまえてもいない狸について、皮を売った場合のもうけを計算するということから〉まだ手中に収めていないものをあてにして、計画を立てること。

店を人気にして大もうけ？　そういう考えを（③）というんだよ。

京都　132

足元から鳥が立つ

身近なところで意外な事件が起きること。急なことにおどろいてさわいだり、あわてて物事を始めたりすること。

わたり鳥会議
今年は冬が来るのが早そうだ。
例年より1週間早く、南へ旅立つことにする！
さむっ
えっ、急に…。明日、引っ越すの？友達にさよならも言えないの？
しょうがないだろ

急に引っ越すことになり、（④）ように準備を始めた。

答え　③取らぬ狸の皮算用　④足元から鳥が立つ

英語のことわざをしょうかい！

日本のことわざと同じ意味のことわざが英語にもあるよ。
様子を想像してみよう。

063 花より団子

Pudding before praise.

訳 ほめ言葉の前にプリン

162 転ばぬ先の杖

Look before you leap.

訳 飛ぶ前に見よ

112 馬の耳に念仏

A nod is as good as a wink to a blind horse.

訳 目の見えない馬にとっては、うなずいても目配せしても同じこと

125 二兎を追う者は一兎をも得ず／119 虻蜂取らず

Between two stools one falls to the ground.

訳 二つの腰かけの間に腰を下ろせば、地面に落ちる

251 急がば回れ

Make haste slowly.

訳 ゆっくり急げ

124 豚に真珠／111 猫に小判

Don't throw pearls before swine.

訳 豚の前に真珠を投げてはいけない

190 郷に入っては郷に従え

When is Rome, do as the Romans do.

訳 ローマにいるときは、ローマの人々と同じく振るまえ

187 雨降って地固まる

After a storm comes a calm.

訳 嵐のあとには凪がやってくる（「凪」は、風がやんで海面が静まること）

237 覆水盆に返らず／253 後悔先に立たず

It is no use crying over spilt milk.

訳 こぼれたミルクのことをなげいてもむだである

144 光陰矢の如し／171 歳月人を待たず

Time and tide wait for no man.

訳 時はだれをも待たない

121 猿も木から落ちる／072 弘法にも筆の誤り 028 河童の川流れ

Even Homer sometimes nods.

訳 ホーマー（ホメロス）ほどの詩人でさえ、たまには居眠りすることがある

118 能ある鷹は爪を隠す

Still waters run deep.

訳 静かな流れは深いところを流れている

246 類は友を呼ぶ

Birds of a feather flock together.

訳 同じ羽の鳥は集まるものだ

133

弱り目に祟り目

困っているときに、さらに困ったことが起きること。類 泣き面に蜂／踏んだり蹴ったり

びしょぬれになったうえに、どろ水をかぶったなんて、（①）とはこのことだ。

134

目の上のこぶ

自分より地位や実力が上で、じゃまに感じること。「目の上のたんこぶ」ともいう。

私よりも成績のいい彼のことを、実は（②）だと思っている。

答え ①弱り目に祟り目 ②目の上のこぶ

江戸　135

喉元過ぎれば熱さを忘れる

苦しいことも、過ぎてしまえば忘れてしまうということ。苦しいときに受けた恩も、楽になると忘れてしまうということ。

食べ放題 バイキング
もう食べきれない。苦しい…。
フー
よく食べたね。
スイーツビュッフェ
うまい、うまい！
また苦しくなるよ。この前と同じ…。

この前食べ過ぎでおなかをこわしたのに、またそんなに食べるなんて、（ ③ ）だね。

136

天に口無し人を以て言わしむ

〈天には口がないので何も言わないが、その意思は人の口を通して伝えられることから〉人々の間で広まる声は、真実であることが多いということ。

SDGsの目標がかかげられたことは、（ ④ ）ということなのだろう。

SDGs…持続可能な開発のための17の国際目標のこと。

答え　③喉元過ぎれば熱さを忘れる　④天に口無し人を以て言わしむ

137 壁に耳あり 障子に目あり

〈ないしょ話や行動は、だれがどこで聞いているか、見ているかわからないことから〉秘密を守るためには、よく用心したほうがいいということ。

お代官様のお好きな肉まんです。黒い屋根の店主に調達させました。
はっはっは…。
お主も悪よのう。

うっ…うまそう…。
そうか、黒い屋根の…。

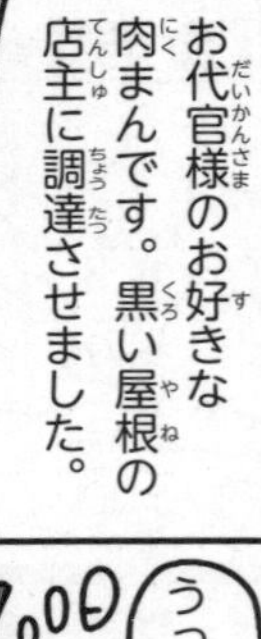

「あの話が外部にもれたというのは本当か？」
「はい。（ ① ）、もっと用心すべきでした…。」

138 目は口ほどに物を言う

目は、口で言うのと同じくらいに相手に気持ちを伝えるということ。

（ ② ）から、彼の考えは目を見ればだいたいわかる。

答え ①壁に耳あり 障子に目あり ②目は口ほどに物を言う

江戸　139

良薬は口に苦し

聞くのがつらい忠告ほど、自分のためになるということ。

遅刻ばかりだし、宿題も出さないし、立派な大人になれないぞ。

はい…。

それに授業中もうるさいし、集中力が足りないぞ。

くどくど

わかりました、先生…。

つばが…

「たくさん注意されちゃったよ。」

「（　③　）だね。これからは気をつけよう。」

140

口は禍の元(門)

軽はずみな言葉で災難を招くことがあるので、言葉はつつしんだほうがよいということ。

（　④　）といいますが、それは本当に余計なひと言です。

答え　③良薬は口に苦し　④口は禍の元(門)

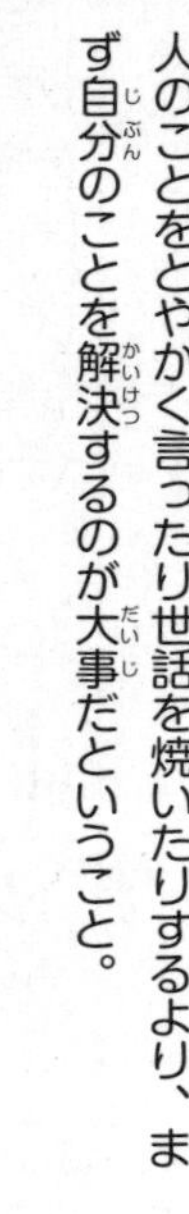

頭の上の蝿を追う

人のことをとやかく言ったり世話を焼いたりするより、まず自分のことを解決するのが大事だということ。

草かりを手伝ってもらって、かたじけない。
しかし…
ご自分の庭も手入れしたほうがいいのう…。
ですよね！

まずは、自宅を片づけましょう。人の手伝いは、（①）ってから！

江戸 142

頭隠して尻隠さず

一部分だけを隠して、全体を隠したつもりでいること。参 隠し方が下手で、最初から見破られている場合に用いる。

教科書で隠して、マンガの続きを読もうっと。
おい、授業中だぞ。いい度胸だな…。
せ、先生…。なんでわかったんだ!?

その隠し方では丸見えだよ。（②）だね。

答え ①頭の上の蝿を追え ②頭隠して尻隠さず

覚えた言葉を確かめよう！
キャッチアップ！クイズ 07

「急にテストとか、聞いてないよ！」
田畑先生ったら、突然テストすると
か言うんだもん。こういうのを寝耳に
水っていうんだろうなあと思いなが
ら、まことは図書館に向かった。テス
トでわからなかったところを調べてく
るように先生に言われたのだ。
この図書館には赤ちゃんのころから
通っているから、どこにどんな本があ
るのかはだいたい知っている。まこと
が本を探していると、見たことのない
古い本を見つけた。
「こんな手書きの本、見たことない。
貸し出し禁止？　ずっとあったのかな
あ……。」

——と同じ意味の言葉を選ぼう。

① 青天の霹靂
② 焼け石に水
③ 弘法にも筆の誤り
④ 犬も歩けば棒に当たる

➡答えは367ページにあります。

143

矢も盾もたまらず

早くそのことがしたい気持ちが強く、じっとしていられないさま。一途に思いつめて、自分をおさえられないさま。

タイムセールと聞いて（　①　）、走って買いに行った。

144

光陰矢の如し

〈過ぎ去った時間は、飛び去った矢のようにもどってこないことから〉月日がたつのが早いこと。類 歳月人を待たず

「結婚してもう六十年か。」
「子育ての間は、（　②　）でしたね。」

答え ①矢も盾もたまらず ②光陰矢の如し

145

秋の日は釣瓶落とし

〈井戸水をくみ上げるのに使う釣瓶（おけ）は、手をはなすと落ちてしまうことから〉秋の日はすぐに落ちて暗くなってしまうということ。

「日が短くなってきたね。」
「（　③　）だ、早く帰ろう。」

大阪　146

横槌で庭を掃く

〈あわてていて、ほうきと横槌をまちがえたことから〉大あわてで来客をもてなそうとすること。「横槌」は、織った布をやわらかくしたり、わらなどを打ったりするときなどに使う道具。

急に来たおばをまねき入れたが、（　④　）ような対応になってしまった。

答え　③秋の日は釣瓶落とし　④横槌で庭を掃く

147

月夜に提灯

〈明るい月夜は、周りを照らす提灯が必要ないことから〉むだなこと、不必要なこと。 類 夏炉冬扇

さあ！

旅行に出発！

そんなにいっぱい、何を持ってきたんだ？

何かあったときの着がえだよ。

どれだけ着がえるの…。

日帰り旅行だから、そんなに着がえを用意しても（　①　）だよ。

148

暖簾に腕押し

こちらからいくら働きかけても、相手から何の反応もないこと。手応えがないこと。 類 豆腐にかすがい／糠に釘

朝よ！

早く支度しなさい！

もうちょっとねかせて～。

早く起きなさい！遅刻するわよ。

もうちょっとだけ～。

いくら注意しても（　②　）で、ちっとも言うことを聞かない。

答え ①月夜に提灯 ②暖簾に腕押し

149

無用の長物

あっても何の役にも立たず、じゃまになるもの。

3回だけひいたギター、家では（③）と言われている。

京都 150

鑿と言えば槌

〈鑿（穴を空けたりする工具）を取ってくれと言うと、いっしょに使う槌（物をたたく工具）も取ってくれることから〉心づかいができて、よく気が利くこと。

おい、ちょっと鑿を持ってきてくれ。
はいよ！
鑿と槌も持ってきました！
おう、気が利くじゃないか！

ずいぶん気が利くようになったじゃないか。（④）ができるようになったな。

答え　③無用の長物　④鑿と言えば槌

151

提灯に釣り鐘

差があり過ぎて、二つのものがまったく釣り合わないこと。

類 雲泥の差／月とすっぽん

このガラスのくつが、ぴったり合う方を探しているのです。
すてきな王子様♡
ぴったりだわ。二人で幸せになりましょう、王子様♡
パリン
くつが割れちゃった…。あなたじゃないみたいです。

高貴なあの方と私では（　①　）で、えんがなかったようだ。

152

坊主憎けりゃ袈裟まで憎い

その人を憎むあまり、その人に関わるものすべてが憎くなること。「坊主」は僧侶、「袈裟」は僧侶の着る法衣の肩からかける布のこと。

もう絶交！あんたなんか知らない！
ブー
こっちのせりふよ、もう話しかけないで！
ウサ美にもらったぬいぐるみ、これももういらない！
ベシッ
まあまあ…。

「あの子からもらったものも、全部いやなの。」
「やれやれ、（　②　）ってことね。」

覚えた言葉を確かめよう！

キャッチアップ！クイズ 08

ことわざの意味に合うように、正しいほうを選ぼう。

①自分が犯した行いが原因で、自分自身が苦しむこと。

身から出た ｛錆・癖｝

②人が取り合ったあとの残り物に、案外よいものが残っているということ。

残り物には ｛服・福｝ がある

③せまい考え方や浅い知識から、広い世間の物事を判断すること。

針の穴から ｛地・天｝ をのぞく

④聞くのがつらい忠告ほど、自分のためになるということ。

良薬は ｛目・口｝ に苦し

➡答えは367ページにあります。

153

下手な鉄砲も数撃てば当たる

下手でも数を多くすれば、まぐれでうまくいくということ。「撃」は「打」とも書く。

アルバイト先が決まらない…。こうなったら片っ端から手紙を書いて応募するわ！
ピョン子さま 0月△日15時 面接です。 にんじん屋
やった〜、面接のお知らせが来た！

（　①　）から、とにかくたくさん応募してみよう。

154

出る杭は打たれる

能力があって目立つ人は、人からうらまれるものだということ。でしゃばると周囲からうとまれたり、反対されることが多いということ。「杭」は、地中に打ちこんで目印や支柱にする棒のこと。

この村に楽しい施設をもっともっと増やそう！
コンタ村長↓
ワー
ワー
あの若造め！ボウリング場が最近できたばかりじゃないか！
自分の好きなことばかり進めて!!

（　②　）から、ここはおとなしくしておくのが得策だよ。

答え ①下手な鉄砲も数撃てば当たる ②出る杭は打たれる

155

泥棒を捕らえて縄をなう

ふだん用意をおこたっていて、困りごとが起きてからあわてて準備すること。

ねる前にあわててテスト勉強をするのは、（　③　）ようなものだ。

京都 156

竿の先に鈴

さわがしいこと。口数が多くおしゃべりなこと。

彼女のおしゃべりは、（　④　）のようにいつまでも続く。

ブレイキン…アメリカ発祥のストリートダンス。

答え ③泥棒を捕らえて縄をなう ④竿の先に鈴

京都 157

昔取った杵柄

若いころに身につけた技能のこと。年を取ってもおとろえない技術や腕前のこと。「杵柄」は、うすをつく道具の取っ手。

（①）で、長年続けていたスポーツなら今でもそれなりにできる。

158

会ったときは笠を脱げ

〈知り合いに会ったら、すぐに笠を脱いであいさつをするべきであるということから〉物事の機会をのがしてはならないということ。

（②）というから、このチャンスはのがさないぞ。

答え ①昔取った杵柄 ②会ったときは笠を脱げ

江戸　京都　159

月夜に釜を抜かれる

〈明るい月夜に大きな釜をぬすまれるということから〉ひどく油断していること。

そんなに不用心だと、（　③　）よ。

160

勝って兜の緒を締めよ

〈戦いに勝っても、反撃に備えて兜の緒はしっかり締めておかなければならないということから〉成功しても、油断しないで気を引き締めよということ。

村をおそって、食料をぬすんできたぞ!
今日も宴会じゃ!
酒
酒
宴会はまた今度!
いつ村人の返り討ちにあうか、わからんからな!

盗人にも、（　④　）という気持ちがあるようだ。

答え　③月夜に釜を抜かれる　④勝って兜の緒を締めよ

京都 161

針の穴から天をのぞく

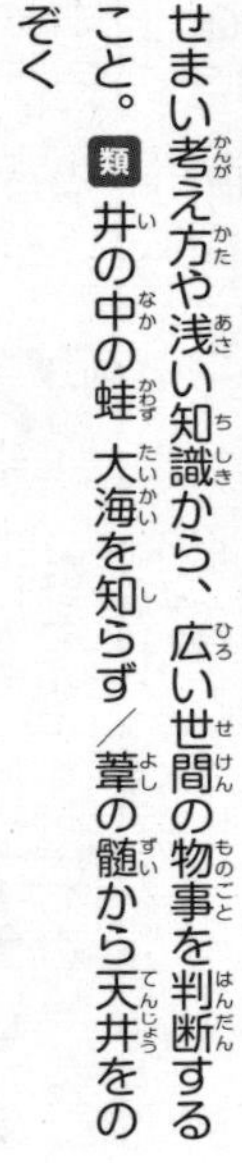

せまい考え方や浅い知識から、広い世間の物事を判断すること。類 井の中の蛙 大海を知らず／葦の髄から天井をのぞく

ただいま!! ぼく、ほかの群れのリーダーにあいさつしてきたよ！

ぎゅっ

わがままな一人息子だと思っていたが、成長して帰ってきたな。

162

転ばぬ先の杖

失敗しないように何事もよく準備しておくことが肝心であるということ。

初めての一人旅でさまざまな人に出会い、今まで（①）しかできていなかったことに気づいた。

（②）というから、万が一に備えて保険に入っておこう。

答え ①針の穴から天をのぞく ②転ばぬ先の杖

163 賽は投げられた

事はすでに始められたのだから、最後までやるよりほかにないということ。途中での計画変更は許されないということ。「賽」はさいころのこと。

桃太郎さんに鬼退治をお願いすることになりました。一同、拍手！
パチ
パチ
パチ
パチ
がんばってきます！鬼をたおすまでは帰りません!!
ワー
桃太郎や、気をつけて行っておいで。

（　③　）、リーダーとしてあとはやるしかない。

江戸 164 臭い物に蓋をする

都合の悪いことや失敗を、人に知られないようにその場しのぎでかくすこと。

かくして（　④　）したつもりでも、いずれ気づかれるよ。

答え　③賽は投げられた　④臭い物に蓋を

165

ミイラ取りがミイラになる

人を連れもどす目的で出かけた者が、行ったまま帰ってこなくなったり、相手を説得しようとして逆に説得されたりすること。

おもしろいでしょ、この本！
うん、ネコ美、よく見つけたね。
ムシバたんてい
ネコ美をむかえに行ったお兄ちゃんももどってこないね。
お母さん
まかせて！

探しに行った本人も（①）ったのか、もどってこない。

166

嘘から出たまこと

初めは嘘のつもりで言ったことが、いつの間にか本当になること。「まこと」は「実」「真」「誠」とも書く。類 ひょうたんから駒が出る／虚は実を引く

私のこの動画、みーんなが見ているのよ！
KON KON DANCE
ハハハ
またまた、嘘ばっかり。
ねえ、彼女ってコンコンダンスの子!?
本当だ！サインちょうだい!!
どうしよう、嘘が本当になっちゃった。

冗談が本当になるとは、（②）だ。

答え ①ミイラ取りがミイラにな ②嘘から出たまこと

覚えた言葉を確かめよう！

キャッチアップ！クイズ 09

○には生き物が入るよ。下から選んで線で結ぼう。

① ○は千年 亀は万年 ・
長寿でめでたいこと。

② ○百まで踊り忘れず ・
幼いころに習ったり身につけたりした習慣や習性は、年を取っても忘れず改まりにくいものだということ。

③ 能ある○は爪を隠す ・
高い能力のある者は、それを人前で自慢したりしないということ。

④ ○が葱を背負って来る ・
利用されるものが、さらに利益になるものを持ってくること。

・鴨　・鷹　・鶴　・雀

➡答えは 367 ページにあります。

167

下手の横好き

下手なのに、そのことをやたらと好きで熱心なこと。

対 好きこそ物の上手なれ

お子さん、ピアノを習い始めたの？
ちがうの、夫なの。
パパの演奏は下手だけど、楽しそうだねえ。

（①）でおはずかしい。趣味でピアノを始めました。

168

怪我の功名

失敗やまちがいだと思っていたことや何気なくしたことが、思いがけずよい結果につながること。

予想外のトラブルのおかげで、新たな出会いにめぐまれた。（②）だね。

答え ①下手の横好き ②怪我の功名

京都　169

京に田舎あり

都会の中にも、田舎めいた場所があるということ。

都会はすごいね！ビルやお店がいっぱいだ！

こっちに大きな公園もあるよ。

公園

ジャングル公園だって！

故郷の森にそっくり。自然もあるんだね！

「都会はコンクリートジャングルだ…。」
「緑にあふれた公園もあるよ。（③）だね。」

江戸　170

骨折り損のくたびれ儲け

苦労するばかりで何の効果も得もなく、つかれだけが残ること。

類 労多くして功少なし

ぐあっ！筋肉痛!!

がんばれ！

これだけ練習してきたのよ…。明日の大会では絶対優勝するわ！

大雨により大会中止

そんな…。今日のために練習してきたのに…。

「雨で試合が中止になったんだ。」
「必死で練習したのに、これでは（④）だよ。」

答え ③京に田舎あり ④骨折り損のくたびれ儲け

171

歳月人を待たず

年月は人の都合に関係なく、過ぎ去ってしまうということ。人はすぐに老いてしまうので、今という時間を大切にして、やるべきことを努力してやったほうがいいということ。

類 光陰矢の如し

ひゃっほう！
竜宮城、最高!!
ボワ
歳月人を待たずというが、本当じゃったな…。
でも、くいなしじゃ。
ヨボ〜

（①）というように、人はみな、平等に年を取ります。

172

寺から里へ

〈里は寺に対して檀家のこと。檀家が寺へ金や品物を寄付するのではなく、寺から檀家へおくり物をするということから〉物事があべこべであったり、逆であったりすること。

え〜、こちらの大仏は高さ18メートル、重さは250トンもあるんですよ!!
うむ。
ガイド
かの偉人が、この大仏の中にこもって修行をしたという逸話があるんじゃ。
それはすごい！
それからそれから？

ツアーガイドに土地の歴史を説明するとは、（②）と同じだ。

答え ①歳月人を待たず ②寺から里へ

173

春眠暁を覚えず

春の夜は気持ちよくねむれるので、朝になってもついねすごしてしまうということ。

（③）というか、私はいつでも昼までねむれる。

174

暑さ寒さも彼岸まで

夏の暑さも秋の彼岸のころには和らぎ、冬の寒さも春の彼岸のころにはうすらいで過ごしやすくなるということ。

今年の夏は猛暑でしたが（④）、ようやく過ごしやすい季節になりました。

答え　③春眠暁を覚えず　④暑さ寒さも彼岸まで

175

乗りかかった船

いったん物事を始めたり関わったりした以上、途中でやめることはできないということ。

えっ、あの山の頂上に行くんですか。（　①　）だ、最後まで手伝いましょう。

176

渡りに船

何かをしようとしているときや困っているときに、都合のよいことがちょうど起こること。

困っているときに助っ人が現れるとは、（　②　）だ。

答え　①乗りかかった船　②渡りに船

177

腹が減っては戦ができぬ

おなかが空いていては力が入らないので、何かをするにはまず腹ごしらえが大切だということ。

いよいよだ！鬼どもをたおすぞ!!
おおっ!!
っと、その前に…。まずは腹ごしらえだ!!
ハイ！
賛成っ!!

勝負に備えて、まずは何か食べよう。（③）というからね。

178

便りのないのはよい便り

連絡がないのは無事であるということだから、心配する必要はないということ。

旅に出てから、ライ太郎は全然連絡をよこさないわねえ。
大丈夫だ！便りがないのはよい便りというだろう。
きっと元気に学んでいるさ…。
その頃
まい日あそぶのたのしー!!

「一人暮らしを始めてから、まったく連絡がないね。」
「（④）というから、心配ないよ。」

答え　③腹が減っては戦ができぬ　④便りのないのはよい便り

179

盆と正月が一緒に来たよう

うれしいことが重なること。出来事や用事が重なって非常にいそがしくなるさま。

店がテレビで紹介され、（ ① ）ないそがしさになった。

180

嵐の前の静けさ

大事件や大騒動など大変なことが起きる前の、それを予感させるような不気味な静けさや平穏のこと。

鬼たちが寝静まるのを待って、突入するぞ！

しーん

嵐の前の静けさとはこのことだな。

最近は平穏な日々が続いたが、どうも（ ② ）という予感がする。

答え ①盆と正月が一緒に来たよう ②嵐の前の静けさ

181

労多くして功少なし

苦労だけが多くて、得るものが少ないこと。 類 骨折り損のくたびれ儲け

手伝ってくれて、助かったわ。
これ、お礼よ。
あっ、油あげが一枚!?
これだけ!?
ええ〜

丸一日手伝って、このおこづかいとは（③）だったな。

182

論語読みの論語知らず

書物を読んでうわべの知識はあるが、それを深く理解していないこと。理屈はよく知っているが、少しも実行できない者のこと。

読書量は多いが、それを活かせていないのは（④）というものだ。

答え ③労多くして功少なし ④論語読みの論語知らず

183

彼方立てれば此方が立たぬ

一方に良くすれば他方に悪くなり、同時に両方を満足させることは難しいということ。「～双方立てれば身が立たぬ」と続く。

遠足の行き先についてですが、
海が10票、
山が10票。
海正正
山正正
委員長がまだ投票していないだろ！
お前はどっちに行きたいんだ⁉
海だよな？
あわあわあわ
山だよな？

（　①　）で意見をしづらいが、本心を言うならどちらにも行きたくない。

184

一難去ってまた一難

災難を切りぬけてひと安心したところへ、また別の災難が降りかかってくること。 類 前門の虎 後門の狼

母さん、退院おめでとう！
いや～、一時はどうなるかと思ったけど、本当によかった、よかった。
プルル
なんだって⁉
今度は、息子が事故を起こしたって⁉
え～～
孫のイゾウが⁉

母の入院、息子の事故、（　②　）というが、これ以上心配ごとが増えるのはごめんだ。

答え ①彼方立てれば此方が立たぬ　②一難去ってまた一難

覚えた言葉を確かめよう！

キャッチアップ！クイズ 10

□にはそれぞれ同じ漢字が入るよ。□から選ぼう。

①
一を聞いて□を知る
人の噂も七□五日

②
□階から目薬
天は□物を与えず

③
石の上にも□年
早起きは□文の徳

一	三	十	千
二	七	百	万

➡ 答えは 367 ページにあります。

185 江戸

憎まれっ子世に憚る

人に憎まれたりうとまれたりする者に限って、世間に出ると威勢がよく、出世したりする者が出るということ。

またカバ男のやつ、うるさいこと言ってら。
みんな！ちゃんと並ぶんだ。ホラホラ、言うこと聞いて！
面倒くさいやつ～。
30年後
アニマル市の市長、カバ男でございます。
うわっ、あのカバ男が市長!?

みんなからうとまれていた彼が出世するとは、（①）だ。

186

案ずるより産むが易し

物事を行う前にあれこれ心配したことも、実際にやってみると案外簡単にできるものだということ。

まずはやってみよう。（②）だよ。

答え ①憎まれっ子世に憚る ②案ずるより産むが易し

187 雨降って地固まる

困難やもめごとが起こったあとに、かえって物事が落ち着き、前よりもよくなるということ。

「けんかしたおかげで、前よりもわかり合えたね。」
「（ ③ ）で、もっと仲よくなれたな。」

188 嘘も方便

嘘をつくのはよくないが、物事を円滑に進めるために嘘をつかなければならないときもあるということ。場合によっては嘘も許されるということ。

何と答えようか迷ったが、（ ④ ）だと思って心にもないことを言ってしまった。

答え　③雨降って地固まる　④嘘も方便

189 大阪

果報は寝て待て

あせらずに気長に待てば、幸運はいつか自然とやってくるということ。類 待てば海路の日和あり

魚、なかなかつれないな～。
昼寝でもしてゆっくり待つか～。
きたっ!!
でかーい

「なかなかうまくいかないね。」

「（　①　）というから、のんびりいこうよ。」

190

郷に入っては郷に従え

その土地に住むようになったら、その土地のしきたりや習慣に従うのがよいということ。ある集団に属したら、その集団のやり方に従うのがよいということ。

宇佐木村から引っ越してきました。
ようこそ八木村へ。
ここでのあいさつを教えましょう。
オコッペヤギヤギ！オコッペヤギヤギ！
ハイ、どうぞ。
オコッペヤギヤギ！オコッペヤギヤギ！
このルール、何？でも、守らないと…。

（　②　）だ、その土地のルールは守ったほうがいい。

答え ①果報は寝て待て　②郷に入っては郷に従え

江戸 191

楽あれば苦あり

楽しいことがあれば、そのあとに苦しいこともあるということ。苦と楽はどちらかにかたよらないものであるということ。「～苦あれば楽あり」と続く。

下り坂、やっほ～い！

上り坂、きっつ～。

人生（③）、良いときもあれば、悪いときもあるものさ。

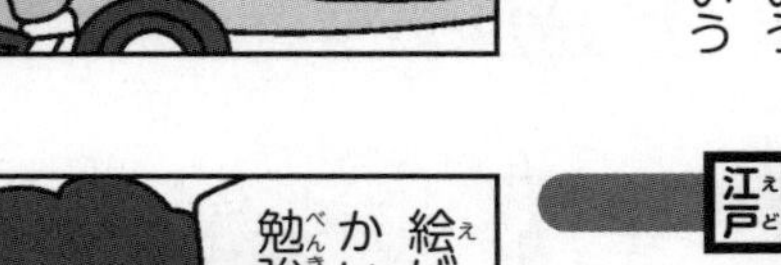

江戸 192

芸は身を助ける

何か一つの特技が生活を助けることにつながる場合もあるということ。その特技がきっかけで人生が好転する場合もあるということ。

絵ばっかりかいていないで、勉強しなさいよ。
ぼくは絵が好きなの！
30年後
先生、ここがうまくかけないの。
ここは遠近感を出してね。
絵画教師になりました。

好きでやっていたことが仕事になった。（④）だね。

193

好きこそ物の上手なれ

好きなことは熱心にやるので、自然と上達するということ。

対 下手の横好き

ウサ吉は、いつもとびはねているね。
ピョ
とぶの大好きなんだ！
ピョ
でも、変な動きだなあ。
数年後
世界ジャンプ大会
ウサ吉選手、世界新記録です！
ビョー
めっちゃとんでる!!

「成功のひけつは何ですか？」

「（①）で、ただ練習を続けていただけです。」

194

残り物には福がある

人が取り合ったあとの残り物に、案外よいものが残っているということ。

福袋の売り出し、出おくれた！

残りの一つだ!!

うわっ!! めっちゃいい物、たくさん入ってた。

福袋の最後の一つ、（②）というから楽しみに開けよう。

答え ①好きこそ物の上手なれ ②残り物には福がある

覚えた言葉を確かめよう！
キャッチアップ！クイズ 11

ことわざの意味に合う言葉を、ひらがなで□に入れよう。

タテのカギ

①　○○○○は口に苦し
聞くのがつらい忠告ほど、自分のためになるということ。

②　転ばぬ先の○○
失敗しないように何事もよく準備しておくことが肝心であるということ。

ヨコのカギ

③　事実は○○○○○よりも奇なり
現実に起きる出来事は、作り話の小説よりもかえって不思議であるということ。

④　出る○○は打たれる
能力があって目立つ人は、人からうらまれるものだということ。

➡答えは367ページにあります。

195

思い立ったが吉日

何かをしようと思ったら、すぐにその日から始めるのがよいということ。

いつか、旅に出ようと思うんだ。
よし行こう！すぐ行こう！
え、今？
ミーンミンミン
思い立ったが吉日だよ！

「いつか旅に出ようと思っているんだ。」
「（　①　）、今すぐ行こう！」

196

事実は小説よりも奇なり

現実に起きる出来事は、作り話の小説よりもかえって不思議であるということ。

ウサどんが頭から血を流してたおれているぞ！
いったい何が…？
きっと山賊にやられたんだ！
ちがう…。
空から大きい桃が落ちて来て、中から子どもが…。
オギャー
桃
そんなことって…ある!?

（　②　）、この事件はどんな推理小説よりもミステリアスだ。

答え　①思い立ったが吉日　②事実は小説よりも奇なり

197

失敗は成功のもと

失敗するとその原因を考えるので、改善すれば成功につながるということ。「もと」は「基」「本」とも書く。「失敗は成功の母」ともいう。類 禍を転じて福となす

（　③　）だから原因を考えて改善すれば、次こそ成功するよ。

198

朱に交われば赤くなる

人は環境やつき合う友達によって、良くも悪くもなるということ。類 墨に染まれば黒くなる／水は方円の器に随う／麻の中の蓬

（　④　）というから、悪い友達とつき合うのはおよしなさい。

答え ③失敗は成功のもと ④朱に交われば赤くなる

199

終わり良ければすべて良し

物事は結末さえよければ、途中で失敗やまちがいがあっても問題にならないということ。

道に迷った！
だから右だって言ったんだよ!!
あのときは左だと思ったんだよ…。
…あれ？近道になってる？
敵の背後に出られたぞ！ラッキー!!

（ ① ）、みんなが納得する形で任務を果たすことができた。

200

習うより慣れよ

人に教わって学ぶよりも、自分で実際にやったほうが身につくということ。実際の経験が大切だということ。

海で難破してアメリカの船に助けられたぞ…。
英語は授業で勉強してきたけど、さっぱりだ…。
数か月後
ペラ
ペラ
慣れた！
ペラ
ペラ

（ ② ）といいますから、語学留学に行ってみてはどうでしょう。

答え ①終わり良ければすべて良し ②習うより慣れよ

201

住めば都

どんなに不便な場所でも、住みなれると居心地がよくなって住みやすくなるということ。

八木村に来て1年…。
最初はいやだったけど…。
意外と居心地がよくなってきたなあ。
オコッペヤギヤギ！
オコッペヤギヤギ！
あいさつ

最初はいやだったが（③）で、今はこの場所が気に入っている。

202

所変われば品変わる

土地がちがうと、風俗・習慣・言語などもちがってくるということ。

類 難波の葦は伊勢の浜荻

前に住んでいた村では、草はそのままむしゃむしゃするよ。
えっ、そうなの？
八木村では、草はつぶしてだんごにするんだよ。
へー

「ぼくの地元だと、こういう食べ方をするんだよ。」
「（④）だね、それもおいしそう。」

答え ③住めば都 ④所変われば品変わる

203 京都

笑う門には福来たる

いつも楽しそうに笑い声が絶えない家には、自然と幸福がやってくるということ。

アハハハ
父さんの会社、倒産だって！
父さんだけにな！
また転職か〜。今度はどんな会社かな、楽しみだ!!
なんか楽しそうだなあ。まぜてまぜて。
福の神来たーっ!!
ギャハハ

（①）というから、つらいときこそ、笑顔を忘れないようにしようよ。

204

情けは人の為ならず

人に親切にすれば、いつかめぐりめぐって自分に返ってくるということ。注「情けをかけるのは、その人の為にならない」という意味ではない。

あなたを助けたのは自分のためです。（②）といいますからね。

答え ①笑う門には福来たる ②情けは人の為ならず

覚えた言葉を確かめよう！
キャッチアップ！クイズ 12

ことわざの意味に合うように、文字を正しく入れかえよう。

①他人のものは自分のものよりもよく見えて、うらやましく思えること。

花は赤の隣い
↓
□□□□□□

②下手なのに、そのことをやたらと好きで熱心なこと。

好き手の横下
↓
□□□□□□

③ふだん厳しく冷たい人でも時には心を動かされて、やさしくなることがあるということ。

目に涙の鬼も
↓
□□□□□□

➡答えは 367 ページにあります。

江戸 205

塵も積もれば山となる

どんなに小さなものでも、積もり積もれば大きなものになるということ。

「どれだけ募金に協力してもらえるかな。」
「（ ① ）と信じて、積み重ねていこう。」

大阪 206

待てば海路の日和あり

物事がうまくいかないときでもじっと待っていれば、やがてよい機会が訪れるということ。「待てば甘露の日和あり」が変化したもの。参 大阪いろはかるたの一つ。類 果報は寝て待て

今日こそ出航しようと思ったのに…。
またあらしだ!
鬼ケ島になかなか行けない…。
あらしが過ぎ去った!
すごくいい天気〜!!

（ ② ）というから、必ずよい機会が訪れるはず。あせらないでいこう。

答え ①塵も積もれば山となる ②待てば海路の日和あり

207

短気は損気

すぐにおこったりいらいらしたりするのは、結局は自分が損をすることになるということ。

ああっ！いらいらする!!
ブン ブン
ガンッ
ぎゃあ！ハチの巣があった!!
ブブ

そんなにおこってばかりいると、自分に返ってくるよ。（③）というからね。

208

長い物には巻かれろ

権力や勢力のある人には、逆らわないで従ったほうが得だということ。

ここはシマウマ王国なんだが…？私は国王なんだが…？
白馬くん、きみはシマ模様をどう思うかな？
めっちゃステキです！ぼくもシマ模様にします～!!
シマシマ最高～!!
ぬりぬり

この際プライドは必要ない。（④）だ。

答え ③短気は損気 ④長い物には巻かれろ

209

鉄は熱いうちに打て

物事の吸収が早い、若いうちにきたえるのが大切だということ。物事は始める時機をのがしてはならず、意気ごみのあるうちに実行すべきだということ。

鬼のやつめ！そんなひどいことを…。

やっつけてやる！

頭にきたぞ!!

決めた！よし、明日の朝、出発しよう!!

オーー!

（①）、みんなの気持ちが一つになった今こそ、出発の時だ！

210

天災は忘れた頃にやって来る

地震や水害などの災害は、そのおそろしさを忘れた頃に再び起きるから、いつも用心して備えておかなければならないということ。

（②）というから、ふだんから防災グッズをしっかり準備しておこう。

211

言いたい事は明日言え

思ったことをその場ですぐ言うのではなく、よく考えて言うようにすると、失敗しないということ。

腹を立てたり、感情的になったりしたときは、（③）と思って、いったん落ち着こう。

212

一円を笑う者は一円に泣く

わずかな金額を軽く考える人は、その金額に困ることになるということ。お金は大切にしなければならないということ。

「たった一円」と笑うけれど、（④）ことになるからね。

213

上には上がある

これが最もすぐれていると思っても、世の中にはそれよりもっとすぐれたものがあるということ。

これまで無敗だったチャンピオンが負けるとは、（⑤）ものだ。

214

大は小を兼ねる

大きいものは小さいものの代わりになるので、小さいよりは大きいほうが使い道があるということ。

（⑥）というから、キャンプには大きいテントを持っていこう。

215

我が身をつねって人の痛さを知れ

自分の身に置きかえて他人の苦しみを知って初めて、さまざまな苦痛を思いやることができるということ。

同じ体験をしたら、あんなひどいことは言わないはず。（⑦）だ。

216

必要は発明の母

不自由や不便さを感じて必要にせまられると、発明が生まれるということ。

便利なものは、すべて（⑧）というところから生まれた。

答え　③言いたい事は明日言え　④一円を笑う者は一円に泣く　⑤上には上がある　⑥大は小を兼ねる　⑦我が身をつねって人の痛さを知れ　⑧必要は発明の母

江戸 217

背に腹は代えられぬ

重大なことが差しせまっていれば、ほかの小さなことがぎせいになっても仕方がないということ。

けがをするなんてくやしいが（①）、ここは助けを求めよう。

218

備えあれば患いなし

ふだんから十分に準備しておけば、いつでも心配はないということ。

今日の天気は
くもりか…。

念のため
カッパを
持っていこう。

うわっ、
すごい通り雨！

ザーーッ!!

カッパ持ってきて
よかった～!!

「念のため、雨具を持っていこう。」
「（②）だ。これで雨が降っても安心だね。」

答え ①背に腹は代えられぬ ②備えあれば患いなし

219 病は気から

病気は気の持ちようで、良くも悪くもなるということ。

（③）というから、必ず治ると信じて気を強くもつんだ。

江戸 220 貧乏暇なし

貧乏をすると生活に追われていつも働くことになり、休む暇も余裕もないということ。

最近は（④）で、毎日休まず働いている。

江戸 221 負けるが勝ち

時には相手を勝たせて、無理に争わないほうがかえってよい結果になるということ。 類 逃げるが勝ち

（⑤）で、しつこい弟にはあえて負けるのが平和でかしこい選択だ。

222 物は試し

やってみないと結果はわからないのだから、一度はやってみたほうがいいということ。

「この日焼け止め、すごく効果があるよ。」
「本当？（⑥）で一度使ってみようかしら。」

江戸 223 無理が通れば道理がひっこむ

筋が通らないことでも世の中で通用するようになると、正しいことが行きわたらなくなってしまうということ。

（⑦）というけれど、ルールを守るのは大切なことです。

224 一富士 二鷹 三茄子

夢（特に初夢）に見ると縁起がいいとされるものは、一番に富士山、二番に鷹、三番に茄子であるということ。

元旦に富士山の夢を見た。（⑧）というから今年は幸先がいいぞ。

答え　③病は気から　④貧乏暇なし　⑤負けるが勝ち　⑥物は試し　⑦無理が通れば道理がひっこむ　⑧一富士 二鷹 三茄子

225

名は体を表す

人やものの名前は、その実態や性質をよく言い表していることが多いということ。

ここは「はす沼」。
はす沼
ここは「やま沼」。
やま沼
ここは「うち沼」。
うち沼
どうして、こんなに「沼」がつく地名が多いの？
ここは昔、水はけの悪い沼地だったんだよ。

（①）というとおり、地名からその土地の特徴がわかる。

江戸 226

門前の小僧習わぬ経を読む

いつも身近で見たり聞いたりしていることを自然に学び取ってしまうこと。置かれた環境から大きな影響を受けること。

対 習わぬ経は読めぬ

テリーヌはこうやって作るんだぞ。
じーっ
数年後
テキパキ
おお～!!
見てただけなのに…。

シェフである父を見て育ったら、料理が得意になりました。（②）です。

テリーヌ…フランス料理の前菜の一つ。

答え ①名は体を表す ②門前の小僧習わぬ経を読む

江戸 227

安物買いの銭失い

安いものはすぐだめになって使えなくなるので、かえって損をするということ。「銭」とはお金のこと。類 安かろう悪かろう

（③）もほどほどにしてくれ。きみが買ってきたものは、どれもすぐにこわれるじゃないか。

大阪 228

楽して楽知らず

苦労を味わってこそ、苦痛や苦労のないことがありがたく思えるということ。

（④）というが、一人暮らしをして初めて、自分がめぐまれた生活をしていたことに気づいた。

大阪 229

惚れたが因果

恋をして好きになったのは前世からの因縁であるから、惚れて苦労するのは仕方がないということ。

（⑤）で、わがままな彼女もかわいらしく思える。

京都 230

氏より育ち

血筋や家柄よりも、人柄には育つ環境や教育が大きく影響するということ。

（⑥）といいますから、ここでは身分は関係ありません。

231

若い時の苦労は買ってもせよ

若い時に苦労することは自分をきたえるもので、将来必ず役に立つから、自分から進んで苦労するとよいということ。

類 かわいい子には旅をさせよ

（⑦）、息子よ、お手伝いよろしくね！

大阪 232

習わぬ経は読めぬ

知識も経験もないことは、急にやれと言われてもできないということ。対 門前の小僧 習わぬ経を読む

突然、「プログラミングをしろ」なんて言われても、（⑧）です。

答え ③安物買いの銭失い ④楽して楽知らず ⑤惚れたが因果 ⑥氏より育ち ⑦若い時の苦労は買ってもせよ ⑧習わぬ経は読めぬ

233

寝る子は育つ

よく寝る子は、すくすくと健康に大きく成長するということ。類 泣く子は育つ

小さいうちは、たっぷり寝かせたほうがいい。（①）というからね。

234

多芸は無芸

いろいろなことができる器用な人は、結局中途半端になってしまい、一つのすぐれたものももっていないということ。類 器用貧乏

何でもできる器用な彼は、（②）と言われてしまいがちだ。

235

逃げるが勝ち

争わずに勝ちをゆずるほうが、かえって勝利や利益を得ることになること。類 負けるが勝ち／損して得取れ

けんかを売られてもやり返さないぞ。（③）だ。

大阪 236

墨に染まれば黒くなる

関わる人や環境によって左右されるから、悪い友達と関わらないようにしなさいということ。類 朱に交われば赤くなる／水は方円の器に随う／麻の中の蓬

（④）というから、ぶっそうな場所にはなるべく近づかないようにしよう。

237

覆水盆に返らず

〈こぼれた水を元にもどすことはできないということから〉一度してしまったことは取り返しがつかないということ。類 後悔先に立たず

今さら謝ってももうおそい。（⑤）、やり直しはきかないよ。

江戸 238

瑠璃も玻璃も照らせば光る

優秀な人はどこにいても目立つということ。優秀な人は機会をあたえられれば、実力を発揮するということ。

「あの大統領は、（⑥）子どもだったそうだよ。」
「大成してからなら、何とでも言えるけどね。」

答え ①寝る子は育つ ②多芸は無芸 ③逃げるが勝ち ④墨に染まれば黒くなる ⑤覆水盆に返らず ⑥瑠璃も玻璃も照らせば光る

覚えた言葉を確かめよう！

キャッチアップ！クイズ 13

日本のことわざと似た意味の、外国のことわざを線で結ぼう。

① **背に腹は代えられぬ**
重大なことが差しせまっていれば、ほかの小さなことがぎせいになっても仕方がないということ。

② **石橋を叩いて渡る**
用心に用心を重ねて、慎重に行動すること。

③ **豚に真珠**
貴重なものを、その価値を理解しない者にあたえること。

ポルトガル
ろばにスポンジケーキ

スペイン
おもりをつけた足で歩く

ドイツ
困れば悪魔ははえを食べる

➡答えは 367 ページにあります。

江戸 239

旅は道連れ 世は情け

旅は同行者がいれば楽しく心強いということから、世の中を生きていくにも、思いやりをもって人と接することが大切であるということ。

（　①　）、いっしょに助け合っていきましょう。

江戸 240

論より証拠

物事をはっきりさせるにはあれこれ議論するより、証拠を出したほうが早いということ。

「ぼくが食べたんじゃないよ。」
「（　②　）、口の周りにクリームがついているよ。」

答え ①旅は道連れ 世は情け ②論より証拠

大阪　京都　241

縁の下の力持ち

気づかれないところで人のために力をつくし、苦労すること。また、そのような人のこと。「縁」は、部屋の外側にある板張りの細長い床のこと。

多くの人が集まるイベントには、（③）となって働いた人たちが必ずいるんだよ。

242

泣く子も黙る

泣いている子どもが泣くのをやめるほどの、勢力や威力をもつ存在であること。

（④）怪物とおそれられている、伝説の生き物だ。

答え　③縁の下の力持ち　④泣く子も黙る

243

言葉は国の手形

言葉のなまり（地方特有の発音）によって、その人の出身地がわかるということ。

すみません、このテーマパークに行きたいんですが…。

入場券 BSJ ポーク

ああ、そこのどんつきをギューンと曲がって、あとはまっすぐドーンと行くんやで。

ペコ

コテコテの関西弁だなあ。

（　①　）というように、方言から出身地がわかる。

244

長所は短所

長所をあてにしすぎると、それによって失敗することもあるということ。長所も場合によっては短所になるから気をつけよということ。

「得意の図工で失敗したんだ…。」

「（　②　）というし、そんなときもあるさ。」

答え ①言葉は国の手形 ②長所は短所

245

文は人なり

文章には書いた人の人柄や思想が表れるので、文章を読めばその人について判断できるということ。

（③）というから、読んだ人にはその人柄も伝わっているのだろう。

246

類は友を呼ぶ

性格や考えの似ている者同士は、自然と集まって仲よくなるものだということ。

自然と同じ趣味の仲間が集まった。（④）だね。

答え　③文は人なり　④類は友を呼ぶ

247

後は野となれ山となれ

今の自分がよければ、あとはどうなっても責任をもたないということ。やるべきことをやったら、そのあとは関わらないということ。類 旅の恥はかき捨て 対 立つ鳥跡を濁さず

引っ越すんだって？この部屋はだれかにゆずるの？
う～ん、そうだなあ。
もう、ぼくはこのまま行くから、だれかが好きに住めばいいんじゃないの？
チラ
ゴミだらけ…。
ひぃっ

（①）、片づけしないで帰っちゃおう。

248

これに懲りよ道才坊

失敗してひどいめにあったと思うなら、今後はもうくり返すなということ。「道才坊」は、言葉に調子をつけたもの。

昨日のゴミ拾い、どうして来なかったのよ、ウサ美！
びくっ
スマホ見てて忘れちゃって…。
どうして、いつもそうやって約束を破るのよ！このすっとこどっこい!!
ひーっ

何度言ったらわかるの？（②）、このすっとこどっこい！

答え ①後は野となれ山となれ ②これに懲りよ道才坊

大阪　京都　249

義理と褌は欠かされぬ

〈男子は常に褌（下着）をしめなければならないことから〉男子が世の中を生きていくときには、常に義理を欠いてはならないということ。

サルくん！
この間はぼくの仕事を手伝ってくれてありがとう。これはお礼です。
相変わらず義理がたいやつだなあ。
おれもお礼にいなり寿司、もらったことあるよ。

彼は（③）という言葉がぴったり合う、礼儀正しい人物だ。

250

急いては事を仕損ずる

急いで物事を行うと、かえって失敗しやすいということ。あせっているときほど、冷静に行動したほうがよいということ。 類 急がば回れ 対 善は急げ

しまった！宿題が1ページも進んでいない。急がないと!!
単純なミスだらけで、ほとんどバツ！
それにしても、まちがえすぎじゃない…。

「宿題を急いでやったら、まちがいだらけだったよ。」
「単純なミスばっかり…。（④）だね。」

答え ③義理と褌は欠かされぬ　④急いては事を仕損ずる

251

急がば回れ

急いでいるときは危ない近道より、遠回りでも安全な方法をとったほうが早く物事を成しとげられるということ。

類 急いては事を仕損ずる　対 善は急げ

(①)だ、急ぐときほど安全には気をつけよう。

252

勤勉は成功の母

成功するためには、まじめに取り組む態度が大切だということ。

参 もともとはイギリスのことわざ。

(②)というように、成功するにはまず努力をすることだ。

答え ①急がば回れ　②勤勉は成功の母

253

後悔先に立たず

終わってしまったことを後からくやんでも、取り返しがつかないということ。何かをする前によく考えることが大切だということ。

類 覆水盆に返らず

アイス、食べ過ぎじゃない？
3本ぐらい平気だよ！
ペロペロ
いててえ、やっぱり食べ過ぎだった…。
だから、おなかをこわすって言ったのに。
ピ〜ゴロロロ

食べ過ぎじゃない？（③）でおなかをこわしても知らないよ。

254

策士策に溺れる

自分の目的を達成するために相手をおとしいれることを考える人は、視野がせまくなり大切なことを見落として失敗することがあるということ。「策士策に倒る」ともいう。

「彼は（④）で、うまくにげられなかったね。」
「自分の利益ばかり考えているからだよ。」

答え ③後悔先に立たず ④策士策に溺れる

255

時は金なり

時間はお金と同じくらい大切で価値のあるものなので、むだにしてはならないということ。

ねえ、宿題終わった?
えっ
ううん、夏休みはまだたっぷりあるじゃない。
夏休みが残り2日!お願い、宿題見させて。
そんなの、いやよ!

「夏休み、おそねおそ起き最高!」
「それは時間がもったいない。(①)だよ。」

256

初心忘るべからず

〈能楽で、習い始めのころを忘れてはいけないという心構えから〉物事を始めたころの気持ちや目的を忘れてはならないということ。

(②)、習い始めたころの気持ちを思い出そう。

答え ①時は金なり ②初心忘るべからず

覚えた言葉を確かめよう！

キャッチアップ！クイズ 14

正しいことわざになるように線で結ぼう。

① 急がば　・　　・回れ

② 類は友を　・　　・締めよ

③ 転ばぬ先の　・　　・杖

④ 勝って兜の緒を　・　　・呼ぶ

⑤ 縁の下の　・　　・力持ち

➡答えは367ページにあります。

257

少年老い易く学成り難し

〈人は若いと思っているうちにすぐに老いてしまうが、学問はなかなか成熟しがたいものだということから〉若いころから勉学にはげむべきだということ。

（①）というように、一日でも若い今日のうちに学びを深めよう。

258

親しき仲にも礼儀あり

どんなに親しい仲でも礼儀は守るべきであるということ。親しいからといって失礼なふるまいをすると関係が悪くなることもあるので、礼儀を守ることが大切だということ。「仲」は「中」とも書く。

宿題はどうしたの？終わってから遊んだら？
はあ!?
うるさいな！今いいところだから話しかけんな、バカ!!
オレのケーキは？
母さんに何ていう口の利き方をするんだ！
ツーン

家族だからといって、何でも言っていいわけではない。（②）だよ。

答え ①少年老い易く学成り難し ②親しき仲にも礼儀あり

江戸 259

身から出た錆

〈刀が錆びると、刀自身を損なわせることから〉自分が犯した行いが原因で、自分自身が苦しむこと。

類 因果応報／自業自得

体調が悪いのは、夜遊びばかりしていたせいだ。
（　③　）だよ。

260

人の振り見て我が振り直せ

他人の様子を見て自分のことを振り返り、直すべき点は直しなさいということ。「振り」は姿や態度、行いのこと。

類 前車の覆るは後車の戒め／他山の石

「あの人って、すごく食べ方がきたないよね。」
「（　④　）っていうから、私も気をつけなくちゃ。」

答え　③身から出た錆　④人の振り見て我が振り直せ

261

善は急げ

よいと思ったことはすぐに実行せよということ。「〜悪は延べよ」と続く。対 急がば回れ／急いては事を仕損ずる

この映画、いっしょに観に行かない？
いいねえ♪ さっそく予約しちゃおう！
シュババ
すぐに予約したおかげで、いい席が取れたね！
ありがとう!!
映画楽しみ♪

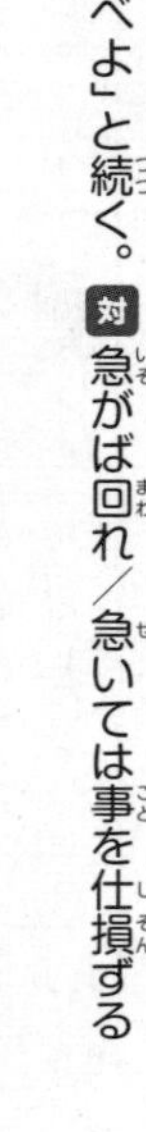

「映画を観に行かない？」
「（ ① ）だ、すぐに席を予約しよう！」

江戸 大阪 262

盗人の昼寝

〈どろぼうが夜に盗みをはたらくために、昼間は寝ておくということから〉何事にもそれなりの目的や思惑があるということ。「〜も当てがある」と続く。

ねえ、あの人はなんで昼間から寝ているのかな。
ぐーぐー
ネコは寝るのが好きだし！お昼寝じゃない？
昼間たっぷり寝たから、仕事の時間は絶好調なのだ!!
イヒヒ…

「あの人は、いつも昼寝をしているなあ。」
「（ ② ）ともいうし、きっと理由があるんだよ。」

答え ①善は急げ ②盗人の昼寝

江戸　263

念には念を入れよ

よく用心して確認し、さらに注意して確かめたほうがいいということ。類 石橋を叩いて渡る

明日の遠足の持ち物を、もう一度確認するぞ！
タオル、ティッシュとしおりと…。

しおりにお茶をこぼしちゃった！

ビチョ…

このしおりを使って！念のために全部書き写したのを持ってるから！

す、すごい…。

「明日の遠足の準備をしよう。」
「（③）、持ち物をよく確認しておくのよ。」

264

負うた子に教えられて浅瀬を渡る

〈背負った子どもに川の浅いところを教えてもらって、向こう岸へ渡ることから〉時には自分より経験の浅い者や未熟な者に教えられることがあるということ。対 老いたる馬は道を忘れず

お母さん、授業参観の漢字、まちがえてるよ。

授行参観
10:00〜

!!

この間、むすめのウサ子に漢字のまちがいを指摘されちゃったの。

うんうん

うちも同じことがあった！

「子どもが漢字を教えてくれたんだ。」
「（④）だ。お子さん、成長したね。」

答え ③念には念を入れよ　④負うた子に教えられて浅瀬を渡る

265

旅の恥はかき捨て

旅先では知っている人がいないから、ふだんなら恥ずかしいことでも平気でできるということ。類 後は野となれ山となれ 対 立つ鳥跡を濁さず

旅先では、ふだんの自分とちがう自分を出せちゃうもんね！
だれもオレを知らないから！
フリフリフリフリ
いつもクールなトラ島先輩…。いったい…!?
フリフリダンス？ ここ電車の中…
後輩!! なんでいるの!?

（①）とばかりに楽しむのはいいけれど、マナーは守ってくださいね。

266

故郷へ錦を飾る

成功して地位や名誉を手に入れ、かんげいされて故郷に帰ること。「錦」は、きれいな絹の織物のこと。

世界大会で優勝し、（②）ことができた。

答え ①旅の恥はかき捨て ②故郷へ錦を飾る

267

心緩めば財布も緩む

気が緩むと、ついむだなお金をつかってしまうということ。

（③）とはよく言ったものだな。うれしくて、ついむだづかいをしてしまった。

268

人の褌で相撲を取る

〈人の褌を借りて相撲を取るということから〉他人の物を使って、自分の目的を果たすこと。

（④）ようなことは考えずに、自分のことは自分でどうにかしよう。

答え　③心緩めば財布も緩む　④人の褌で相撲を取る

269

清水の舞台から飛び下りる

〈京都・清水寺の高い舞台から飛び下りると助かるかどうかわからないということから〉一大決心をして何かを実行すること。

うちの会社、ついにつぶれるらしいぞ。
どうしよう…。
オロオロ
決めたっ！
ガタッ
キッ
ぼくは海外に行って、100万円を好きに使うぞ！
そんな無茶な!!
思いきるな〜。

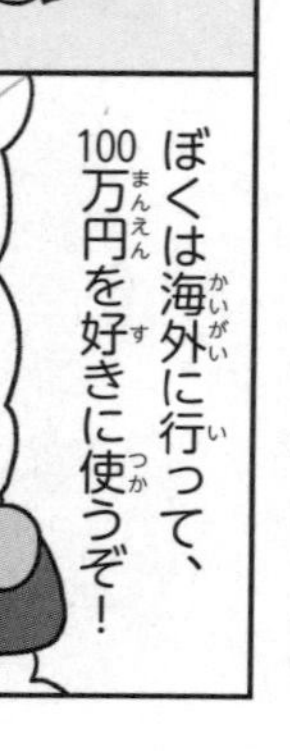

（ ① ）覚悟で百万円を用意した。これで海外旅行に行くぞ。

270

石橋を叩いて渡る

用心に用心を重ねて、慎重に行動すること。 類 念には念を入れよ 対 危ない橋を渡る

おじいさん、おばあさん、鬼退治に行ってきます！
桃太郎、危ないことはしないで、しっかり身を守るんですよ。
はい!!
鬼ども覚悟しろ！
バーン
装備すごっ!!
いや

（ ② ）ように、あらゆる危険を想定してプランを練った。

271

転んでもただでは起きない

失敗しても、その失敗を利用して何かしらの利益を得ようとすること。注 もともとは利益を得ようとする欲深い人に用いたが、現在では臨機応変な人のたとえにも用いる。

降参して差し出された宝はにせ物だった。まったく（③）やつらだな。

272

売り言葉に買い言葉

言われた暴言に対して、もう一方も負けずに暴言を言い返すこと。

（④）の言い争いをしても、問題は解決しません。

答え ③転んでもただでは起きない ④売り言葉に買い言葉

コラム 2

「いろはかるた」を知ろう！

「いろはかるた」を知っているかな？
江戸時代に誕生したことわざのかるたで、地域によってちがいがあるよ。

Q 「かるた」のはじまり

「かるた」は、ポルトガル語でカード（札）を表す言葉。日本では、これが江戸時代にかるた遊びとして広まったよ。「百人一首」「花札」などもかるたの一種なんだ。

Q 「いろはかるた」って、どんなもの？

「いろはかるた」は、江戸時代後期に流行ったカード遊び。ルールは、「読み手が読み札を読んで、取り手が絵札（取り札）をいち早く取って、その数を競う」というもの。みんなが知っているかるた遊びと同じだね。京都で誕生し、「京都（上方）いろは」「大阪・尾張いろは」「江戸いろは」など、地域ごとにことわざを変えて広まっていったんだ。

Q いろはにほへとの「いろは歌」って？

「いろはにほへと」という言葉を聞いたことはないかな？　「いろは歌」は、平安時代にひらがなを覚える手習い歌としてできたもので、47文字すべてを並べて七五調の和歌にしてあるんだ。

いろは歌

いろはにほへと
ちりぬるをわか
よたれそつねな
らむうゐのおく
やまけふこえて
あさきゆめみし
ゑひもせす

漢字表記

色は匂へど　散りぬるを
我が世誰ぞ　常ならむ
有為の奥山　今日越えて
浅き夢見し　酔ひもせず

「けふ」は「きょう」と読むよ。

現代語訳

花はさきほこっても散ってしまうのに、だれが永遠にこの世で生きられようか。いろいろなことがある現世の深い山をこえて、はかない夢を見たり、酔いにふけったりもしない。

「いろはかるた」は、この47文字に漢字の「京」を加えた48語で構成されているんだ。「いろは歌」が、ことわざの頭文字になっているんだね。現代では、「あいうえお」の50音かるたが主流で、ことわざ以外にもいろいろなテーマのかるたがあるよ。

いろはかるた一覧

京都（上方）

番号		
089	い	一寸先は闇
182	ろ	論語読みの論語知らず
161	は	針の穴から天をのぞく
086	に	二階から目薬
076	ほ	仏の顔も三度
	へ	下手の長談義
068	と	豆腐にかすがい
074	ち	地獄の沙汰も金次第
	り	綸言汗のごとし
051	ぬ	糠に釘
	る	類を以て集まる
	を	鬼も十八
203	わ	笑う門には福来たる
012	か	蛙の面に水

大阪・尾張

番号		
095	い	一を聞いて十を知る
097	ろ	六十の三つ子
063	は	花より団子
	に	憎まれっ子神直し
229	ほ	惚れたが因果
	へ	下手の長談義
	と	遠い一家より近い隣
074	ち	地獄の沙汰も金次第
	り	綸言汗の如し
262	ぬ	盗人の昼寝
	る	類を以て集まる
	を	鬼の女房に鬼神
	わ	若い時は二度無い
	か	陰裏の豆もはじけ時

江戸

番号		
108	い	犬も歩けば棒に当たる
240	ろ	論より証拠
063	は	花より団子
185	に	憎まれっ子世に憚る
170	ほ	骨折り損のくたびれ儲け
	へ	屁を放って尻すぼめる
021	と	年寄りの冷や水
205	ち	塵も積もれば山となる
	り	律義者の子沢山
262	ぬ	盗人の昼寝
238	る	瑠璃も玻璃も照らせば光る
009	を	老いては子に従え
	わ	破れ鍋に綴じ蓋
	か	かったいのかさうらみ

文字の上の番号は、この本で解説しているものだよ！

よ 夜目遠目笠の内
022 た 立て板に水
れ 連木で腹を切る
そ 袖振り合うも他生の縁
159 つ 月夜に釜を抜かれる
111 ね 猫に小判
080 な 済す時の閻魔顔
027 ら 来年のことを言うと鬼が笑う
157 む 昔取った杵柄
230 う 氏より育ち
ゐ 鰯の頭も信心から
150 の 鑿と言えば槌
264 お 負うた子に教えられて浅瀬を渡る
く 臭い物に蝿がたかる
や 闇夜に鉄砲
041 ま 蒔かぬ種は生えぬ
053 け 下駄と焼き味噌

---

146 よ 横槌で庭を掃く
064 た 大食上戸餅食らい
れ 連木で腹を切る
そ 袖振り合うも他生の縁
014 つ 爪に火をともす
011 ね 寝耳に水
232 な 習わぬ経は読めぬ
228 ら 楽して楽知らず
む 無芸大食
130 う 牛を馬に乗り換える
ゐ 炒り豆に花が咲く
の 野良の節供働き
お 陰陽師身の上知らず
189 く 果報は寝て待て
や 闇に鉄砲
206 ま 待てば甘露の日和あり
け 下戸の建てた蔵はない

よ 葦の髄から天井をのぞく
239 た 旅は道連れ 世は情け
139 れ 良薬は口に苦し
そ 総領の甚六
159 つ 月夜に釜を抜かれる
263 ね 念には念を入れよ
104 な 泣き面に蜂
191 ら 楽あれば苦あり
223 む 無理が通れば道理がひっこむ
166 う 嘘から出たまこと
ゐ 芋の煮えたも御存じない
135 の 喉元過ぎれば熱さを忘れる
023 お 鬼に金棒
164 く 臭い物に蓋をする
227 や 安物買いの銭失い
221 ま 負けるが勝ち
192 け 芸は身を助ける

「れうやく」と書いて、「りょうやく」と読んだよ。

- 047 ふ 武士は食わねど高楊枝
- 248 こ これに懲りよ道才坊
- 241 え 縁の下の力持ち
- 172 て 寺から里へ
- 132 あ 足元から鳥が立つ
- 156 さ 竿の先に鈴
- 249 き 義理と褌は欠かされぬ
- 016 ゆ 幽霊の浜風
- め 盲の垣覗き
- み 身は身で通る裸ん坊
- 059 し 吝ん坊の柿の種
- ゑ 縁の下の舞
- 031 ひ ひょうたんから駒が出る
- 049 も 餅は餅屋
- 034 せ 栴檀は二葉より芳し
- 109 す 雀百まで踊り忘れず
- 169 京 京に田舎あり

- 047 ふ 武士は食わねど高楊枝
- こ 志は松の葉
- え 閻魔の色事
- 075 て 天道人を殺さず
- あ 阿呆に付ける薬はない
- 082 さ 触らぬ神に祟りなし
- 249 き 義理と褌は欠かされぬ
- ゆ 油断大敵
- 134 め 目の上のこぶ
- み 身うちが古み
- し 尻食らえ観音
- 241 ゑ 縁の下の力持ち
- ひ 貧相の重ね食い
- 057 も 桃栗三年 柿八年
- せ 背戸の馬も相口
- 236 す 墨に染まれば黒くなる
- 京 （なし）

- ふ 文はやりたし書く手は持たず
- こ 子は三界の首枷
- え 得手に帆を揚ぐ
- て 亭主の好きな赤烏帽子
- 142 あ 頭隠して尻隠さず
- さ 三遍回って煙草にしょ
- 077 き 聞いて極楽 見て地獄
- ゆ 油断大敵
- 134 め 目の上のこぶ
- 259 み 身から出た錆
- 078 し 知らぬが仏
- ゑ 縁は異なもの味なもの
- 220 ひ 貧乏暇なし
- 226 も 門前の小僧 習わぬ経を読む
- 217 せ 背に腹は代えられぬ
- す 粋が身を食う
- 京 京の夢 大阪の夢

273 臆病風に吹かれる

おじけづいて、何かをする気力がなくなる。

敵は（ ① ）て、一目散ににげ出した。

274 顔から火が出る

顔が真っ赤になって、とてもはずかしい思いをする。

まちがえて名前を呼んでしまい、（ ② ）思いだった。

275 風上に置けない

〈風上にくさいものがあると、風下がくさくて困ることから〉ひれつな行動をののしっていう言葉。

かげ口を言うなんて、仲間の（ ③ ）ぞ。

答え ①臆病風に吹かれ ②顔から火が出る ③風上に置けない

276

烏の行水

烏が水浴びするように、お風呂に入る時間がとても短いこと。

ちゃんと温まったの？　まったく（④）なんだから。

277

火の車

お金が足りなくて、やりくりが苦しいこと。火車。

今月は出費が多くて、家計が（⑤）だ。

278

火の消えたよう

急に勢いがなくなって、さびしくなるさま。

お祭りが終わって、（⑥）に静かになった。

答え　④烏の行水　⑤火の車　⑥火の消えたよう

279

火蓋を切る

その時をもって、戦いや競技などを始める。

大将のかけ声をきっかけに、戦いは（①）った。

280

尻に火がつく

物事が差しせまって、落ち着いていられない状態になる。

宿題の提出日が近づいて、（②）いた。

281

水と油

両者の性格や考え方がちがうため、気が合わないこと。

あの二人は（③）で、いつもけんかをしている。

答え ①火蓋を切 ②尻に火がつ ③水と油

282 水入らず

家族など親しい人だけで集まっているさま。

久しぶりに家族がそろって、親子（④）の時間を過ごした。

283 風の便り

どこからともなく伝わってくる、ある人のうわさのこと。

（⑤）で、彼が宇宙飛行士になったと聞いた。

284 火に油を注ぐ

勢いのあるものに、さらに勢いをつける。

よく考えて発言しないと、（⑥）ことになるよ。

答え　④水入らず　⑤風の便り　⑥火に油を注ぐ

285

風前の灯

危険がせまっていて、今にもほろびそうなさま。 類 絶体絶命

追いこまれたわが一族は、今や（　①　）だ。

286

目から火が出る

頭や顔を強くぶつけたときに、一瞬めまいがする。

頭をぶつけて、（　②　）た。

287

火花を散らす

激しく争う。 類 しのぎを削る

たがいに一歩もひかず、（　③　）戦いが続いた。

答え ①風前の灯 ②目から火が出 ③火花を散らす

覚えた言葉を確かめよう！

キャッチアップ！クイズ 15

ことわざの意味に合うように、文字を正しく並びかえよう。

①何かをしようとしているときや困っているときに、都合のよいことがちょうど起こること。

たねにふわり

↓

②実情を知ればいざこざも生じるだろうが、知らないでいれば平静でいられるということ。

ぬしがほらとけ

↓

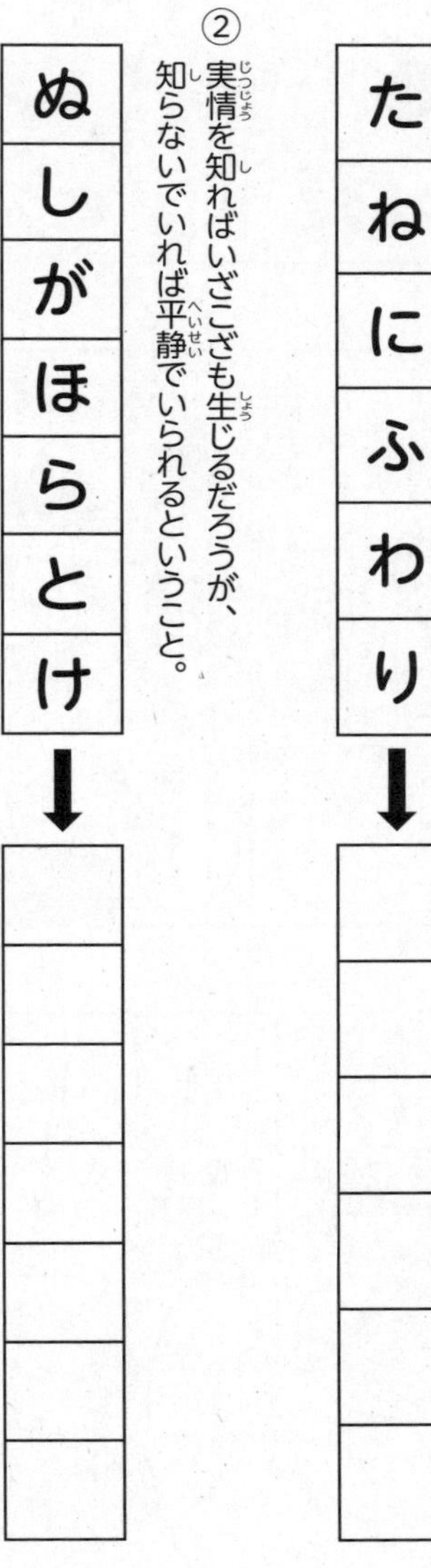

③一つの事柄や行為を見れば、ほかのすべてのことがわかるということ。

じばんがじいち

↓

➡答えは367ページにあります。

288 肩で風を切る

肩をわざと高くして、得意そうに歩く。

（①）って歩いているのは、自信がついた証拠だね。

289 口火を切る

最初に物事を行う。物事のきっかけをつくる。「口火」は、火縄銃などに点火するための火のこと。

今後の方針について
オニ造リーダー!!
人の住む村をずっとおそうのか?
人間とはどううつき合うつもりだ?
桃太郎たちがまた来たらどうする?
うーん…。
リーダーって大変だな…。

重要な会議で（②）。

290 水に流す

今までの争いごとやうらみなどをすべてなかったことにする。

ダメだ…。相変わらず魚がとれない…。
さっきは悪かった。
いいでチュよ!
気持ちを切りかえるから協力してくれないか?
目のいいチュータのおかげで大漁だ!
よかったでチュね!

今までのことは（③）から、仲直りをしよう。

答え ①肩で風を切り ②口火を切る ③水に流す

291 水をあける

競争相手を大きく引きはなして、優位に立つ。

2位以下と（④）て、売り上げ数がダントツ1位です！

292 水を向ける

相手の関心が向くように、うまくさそいかける。 類 鎌をかける

物事は伝え方が大事、うまく（⑤）よう。

293 水を差す

うまく進んでいることや、仲のよい者同士の関係をじゃまする。

余計なひと言で、二人の仲に（⑥）してしまった。

答え ④水をあけ ⑤水を向け ⑥水を差

294

水を打ったよう

その場にいる大勢の人たちが静まり返っているさま。

森の巣作り選手権

さあ、どちらが巣を作るのが早いのか!?

二人ともガンバレー

KUMA

実況

位置について―

よーい!

しーーん..

決戦を前に、観客たちは（①）に静まり返った。

295

水を得た魚のよう

自分が活躍できる場所で、生き生きとしているさま。

スポーツをしているときの君は、（②）だね。

296

対岸の火事

自分とは関係がなく、少しも苦痛や不安がないこと。

類 高みの見物

向こうで山火事が起きたんだって!

な〜んだ、ぼくたちには関係ないじゃん!

ホッ

みんな、人ごとじゃない!

こっちの山でも気をつけないと!

さすがリーダー

はい!

災害を（③）とは思わず、みんなで助け合っていこう。

答え ①水を打ったよう ②水を得た魚のよう ③対岸の火事

297

鬼が出るか蛇が出るか

この先どんな困難が待ち受けているか、予測できないさまのこと。「蛇」はへびのこと。

まだ油断できないよ。（④）、この先も用心して進もう。

298

鬼の首を取ったよう

大きな手柄を立てたように、得意になって喜ぶさま。

（⑤）に喜んでいるけど、勝負はこれからだよ。

299

心を鬼にする

相手のためを思って、厳しい態度をとる。

彼女の将来のためにも、（⑥）して指導しよう。

答え　④鬼が出るか蛇が出るか　⑤鬼の首を取ったよう　⑥心を鬼に

300 天狗になる

いい気になってうぬぼれる。得意になる。人を見下した態度をとる。

キツネくん、100点!
どうだ～、すごいだろう!
シュバ
へへ～ん
いや…みんな、100点だけど。
今回のテスト、簡単だったよね。
ガーン

一度100点を取っただけで（　①　）なんて、はずかしいぞ。

301 山が見える

困難な時期を乗り切って、先の見通しがつく。

人々がおどろくような彫刻を、絶対に完成させるぞ!
カーン
カーン
あともう少しだ!!

30年かかって、もうすぐ完成!ようやく（　②　）た。

302 取りつく島もない

たよりにしてすがるところが何もない。相手の態度が冷たく、近づこうにも近づけない。

ねえねえ、お父さん。おこづかい、ちょう…。
ダメだ!!
ちょっとでいいから!お願い!!
ダメなもんはダメだ!!
フル
フル

父の態度には（　③　）かった。

答え ①天狗になる ②山が見え ③取りつく島もな

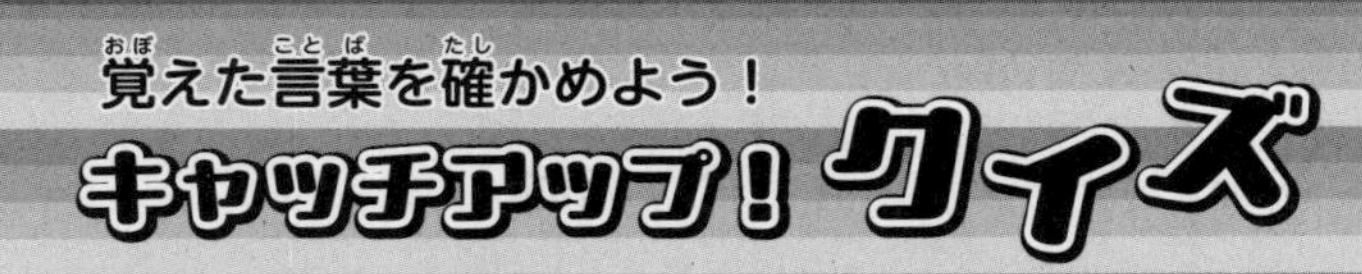

□にはそれぞれ同じ漢字が入るよ。□から選ぼう。

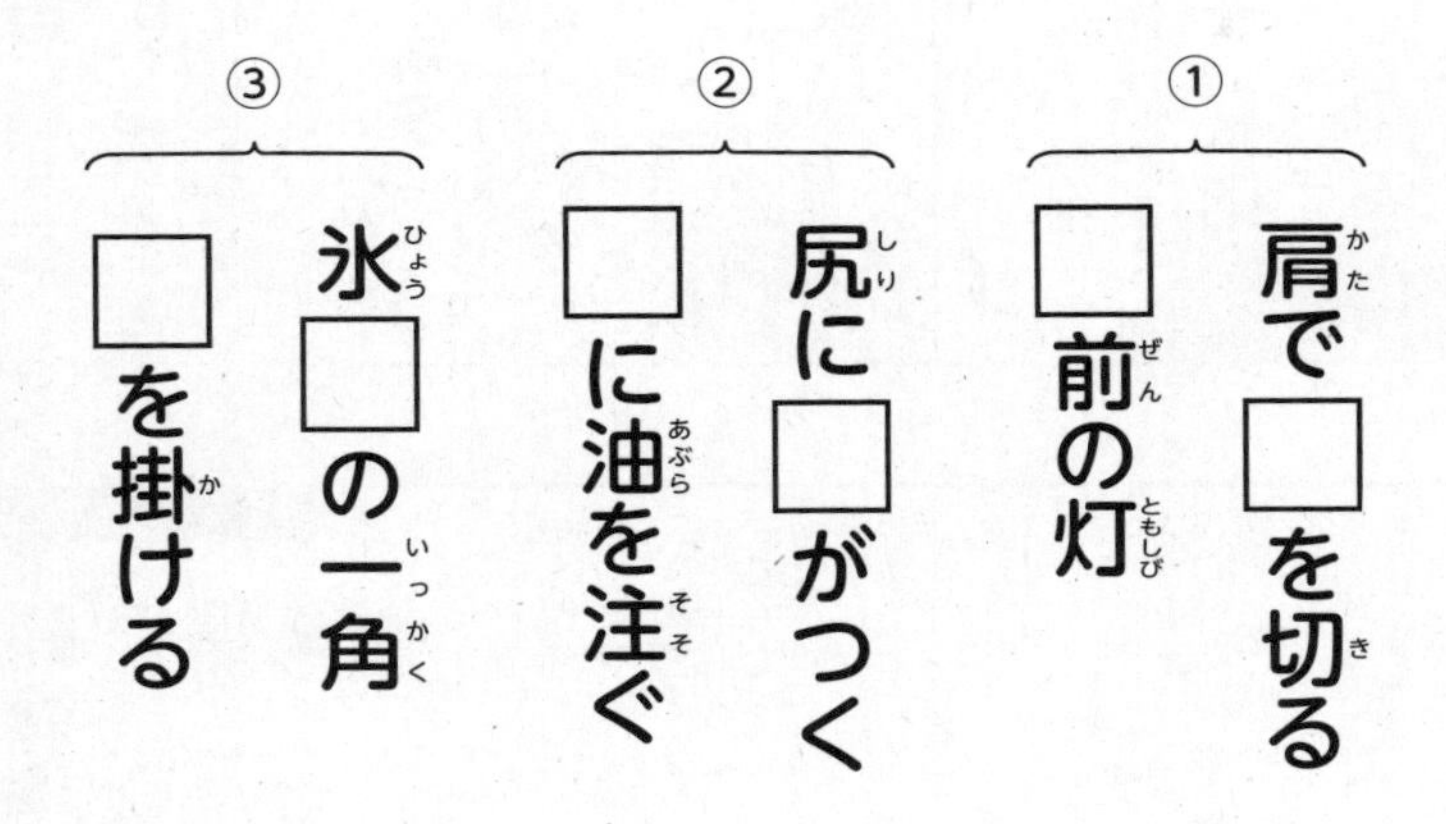

① 肩で□を切る
　□前の灯

② 尻に□がつく
　□に油を注ぐ

③ 氷□の一角
　□を掛ける

火	木	野	川
土	風	空	山

➡答えは 367 ページにあります。

303

草木も眠る

夜がすっかりふけて、すべてが寝静まっている。真夜中を意味する「～丑三つ時」と続く。

（①）丑三つ時は、お化けが活動する時間だ。

304

峠を越す

盛んな時期を過ぎておとろえ始める。困難な時期を乗りこえ、先の見通しがつく。類 山を越す

今年もようやく暑さの（②）して、秋の気配が近づいてきた。

305

氷山の一角

表面に現れているのは問題のごく一部だということ。注 好ましくない事態について使う。

この結果は（③）ですので、早急な対処が必要です。

答え ①草木も眠る ②峠を越す ③氷山の一角

306 山を掛ける

万が一の幸運をねらって見当をつける。当たるかもしれないと予想して準備する。「山を張る」ともいう。

テストの出題範囲が広くて、勉強が追いつかないわ。
ぼくはこの問題が出ると思う！
国のなりたちについてのべよ。
え〜、そう？
問(1) 国のなりたちについてのべよ。
よしっ

出題範囲は広かったけれど、（④）たところが出たぞ。

307 草の根を分けて捜す

あらゆる方法を用いて、くまなく捜す。

犯人はまだ見つからないのか！
すみずみまで捜すんだ!!
はいっ!!
ここにもいません！
いったいどこへにげたんだ…。
ここだよ〜ん。
ニャハハ

犯人を（⑤）し出してやるぞ。

308 道草を食う

目的地に向かう途中で余計なことをして、時間をむだにする。

「また（⑥）っていたわね。」
「友達とばったり会っちゃって…。」

答え　④山を掛け　⑤草の根を分けて捜　⑥道草を食

309 高嶺の花

手の届かないところにさく花のように、遠くから見ることしかできない魅力的な人や物のこと。

魅力的な彼女は、ぼくたちには（ ① ）だ。

310 根も葉もない

何の根拠もない。信用できるものが何もない。理由がまったくない。

（ ② ）うわさを信じないでください。

311 藪から棒

予想もしていなかったことが突然起きるさま。人の意表をついて何かをするさま。**類** 青天の霹靂／寝耳に水

明日から世界一周旅行だなんて、（ ③ ）に何を言い出すんだ。

答え ①高嶺の花 ②根も葉もない ③藪から棒

312 茨の道

苦難や困難の多い人生・生活のこと。

夢をかなえるまでは（④）で、苦難の連続だった。

313 花を持たせる

名誉や手柄をゆずって、その人の面目が立つようにする。**類** 顔を立てる

新人選手に（⑤）ために、守備もしっかりやろう。

314 根掘り葉掘り

何から何まで細かく、徹底的に。残すところなく、しつこく。

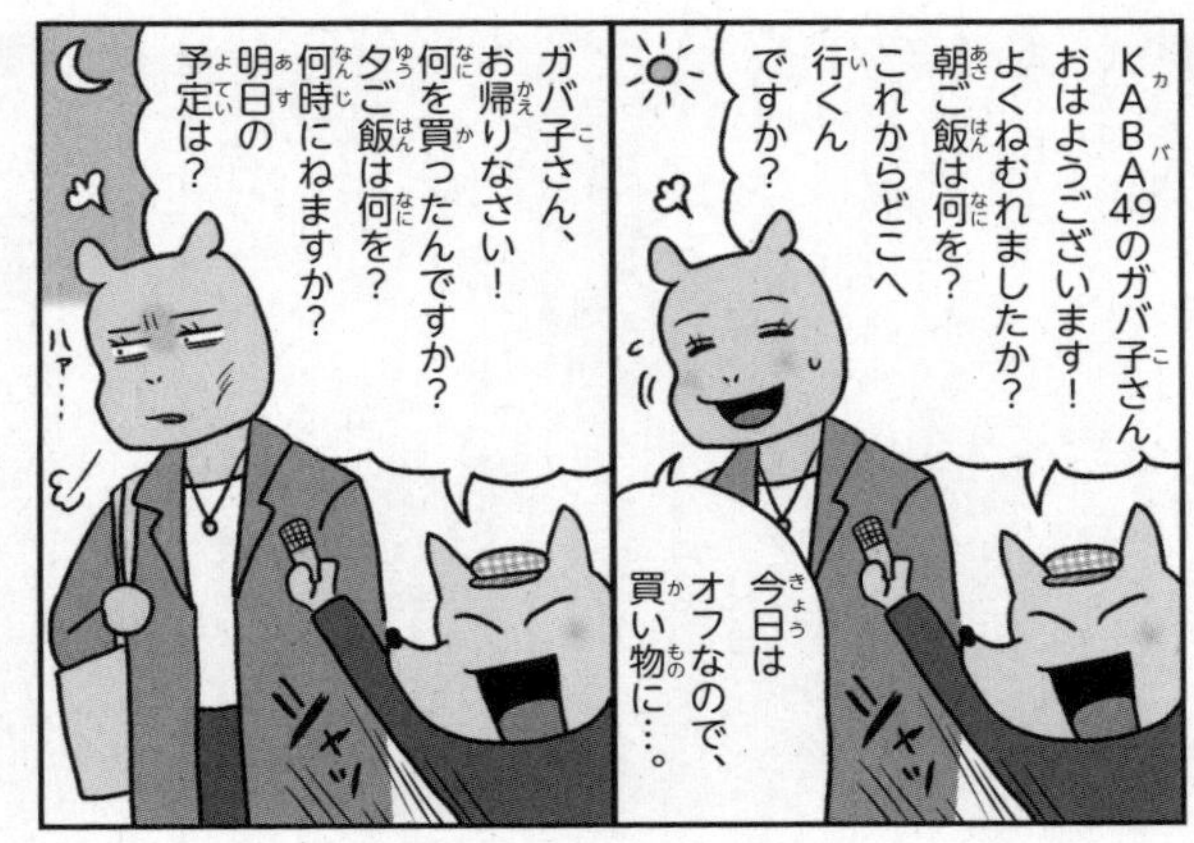

（⑥）質問しないでください。

答え　④茨の道　⑤花を持たせる　⑥根掘り葉掘り

315 種を明かす

手品などのしかけを人に教える。相手にかくしていた事実を説明する。


行方不明の子どもといるのを目撃されているんだぞ！本当のことを言いなさい!!

仕方ない、真実を教えよう。

オレは迷子になって泣いていた子どもにアイスを買ってやり、迷子センターに連れていったんだ。今ごろ家族と合流しているだろう。

保護してくれていたのか！


事件のトリックの（①）。

316 話に花が咲く

次から次に興味のある話題が出て、話が盛り上がる。**類** 話が弾む

久しぶりに友達に会って、（②）。

317 色を失う

おどろきやおそろしさから顔が青ざめる。**類** 血の気が引く／血の気が失せる

忘れ物はない？試験、がんばってね！

大丈夫！行ってきます!!

受験票を忘れた!! 取りに帰っていたら間に合わない…。

サーッ

予想外の事態に（③）。

答え ①種を明かす ②話に花が咲く ③色を失う

318 難色を示す

賛成できないという様子を見せる。

校長先生！校庭に新しく遊具をつくりませんか？
ほう！例えば、何を？
ジャングルジムです！
う〜ん、しかし最近は危険だという意見もあり…。

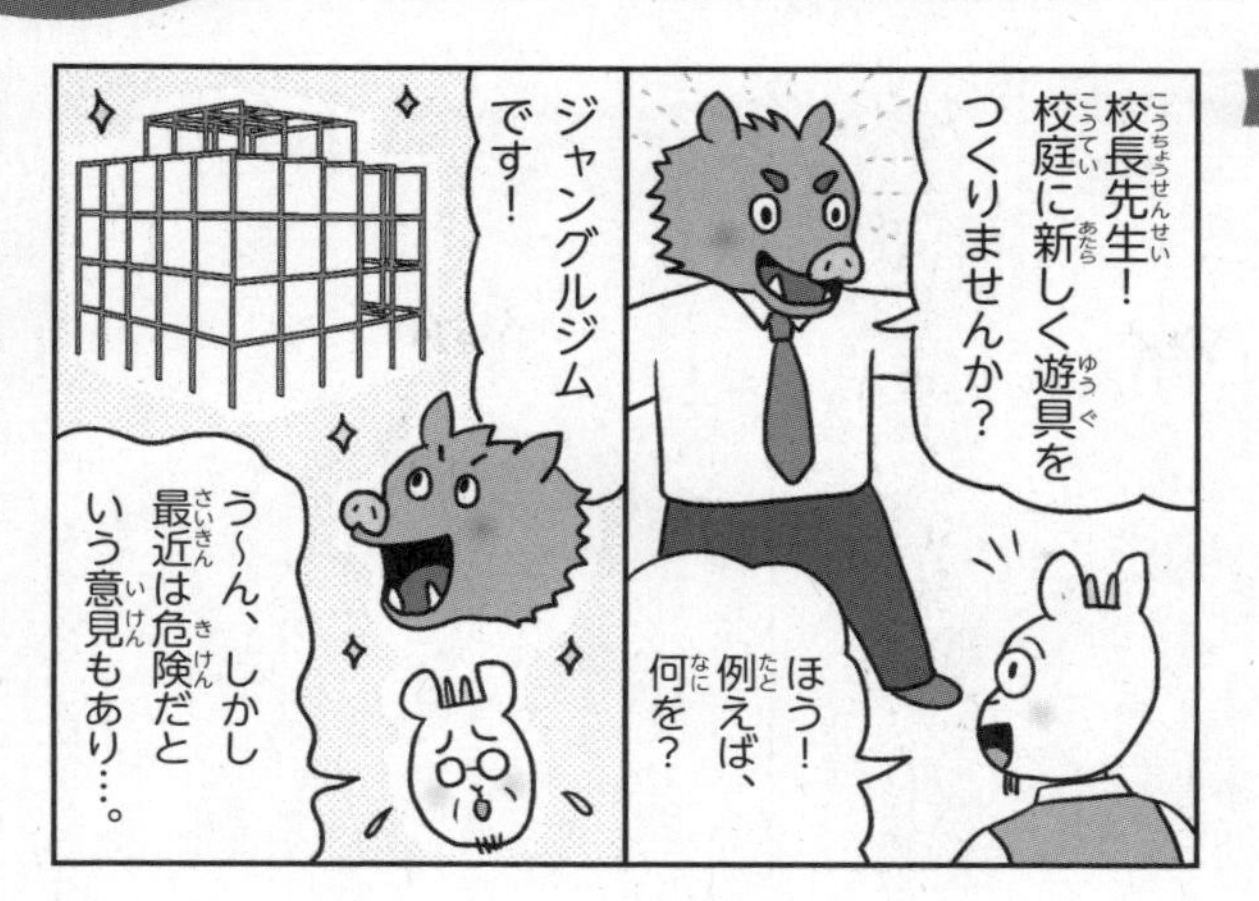

遊具の新規導入に（④）。

319 白い目で見る

人を冷たい目で見る。軽蔑して冷たい態度をとる。

マナーの悪い人を（⑤）。

320 目の色を変える

興奮したりおこったりして目つきが変わる。何かに夢中になる。「目の色が変わる」ともいう。

彼はバイクに乗ると、（⑥）。

答え　④難色を示す　⑤白い目で見る　⑥目の色を変える

321 目の黒いうち

その人が生きている間。その人が生きていて、いろいろなことに気を配ることができる間。

私の（①）は、あなたの好きにはさせません。

322 くちばしが黄色い

〈ひなのくちばしが黄色いことから〉年が若く未熟である。参 若者の意見をばかにするときなどに使う。

（②）ひよっこが、一丁前に何を言うか！

323 腹が黒い

悪事をたくらんでいて、心の中に悪い考えをもっている。根性がよくない。

一見やさしそうなのに、なんて（③）人なんでしょう。

答え ①目の黒いうち ②くちばしが黄色い ③腹が黒い

覚えた言葉を確かめよう！
キャッチアップ！クイズ

□に入る慣用句を、┆┆から選ぼう。

① いちばん安くておいしそうな魚に□。

② 予算から□ため、購入を見送った。

③ □アクションシーンが連続する映画だ。

④ わがままばかり言って、□のはやめなさい。

目を付ける　胸を借りる　足が出る
へそを曲げる　尻を上げる　息を呑む

➡答えは367ページにあります。

324

白を切る

知らないふりをする。しらばっくれる。

ぼくのロボットマン、こわしたでしょ？

兄ちゃんがこわすわけないじゃないか…。

たなから落ちたときにこわれたんだな。直してやるよ。

ありがとう

本当はこわしたけど…。

悪いとは思ったが、（　①　）ってやり過ごした。

325

白紙に戻す

何もなかった元の状態に戻す。何もなかったことにする。

推薦枠で進学できそうだな。残り時間はたくさん遊ぶとするか！

この前の話だが、取り消すよ。何でも、キミは学校をサボってばかりいるそうだからね。

えっ、そんな！

推薦入学の話が（　②　）ってしまった。

326

へそで茶を沸かす

おかしくて笑わずにはいられない。ばかばかしくて、大笑いするしかない。

みんな、ダンスのふりつけを考えたから見て！

えっ、あなた、ダンスはやったことないわよね!?

うねうねうねうね

ゲラゲラ

そんなばかばかしいダンスで世界をめざす!?（　③　）よ。

答え　①白を切　②白紙に戻　③へそで茶を沸かす

327 舌鼓を打つ

おいしい食べ物を十分に味わう。舌を鳴らして食べる。注「舌鼓」は「したづつみ」とも読む。

魚のお刺身の盛り合わせに、地元の採れたて野菜の天ぷらでございます。
わあ、おいしそう〜!!
はぁ〜 幸せ〜!! どれもおいしい〜!!

新鮮な食材を使った料理に（④）。

328 鳩が豆鉄砲を食ったよう

思いがけないことにおどろいて、きょとんとして目を見張るさま。参「〜な顔」と使うことが多い。

ただいま〜。あれ？ だれもいないの〜？
？
ウサ美！ 誕生日おめでとう〜!!
ぽか〜ん

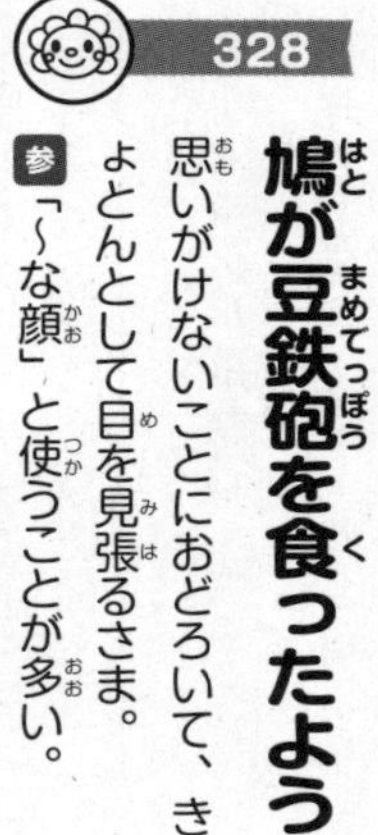

急な出来事に、彼女は（⑤）な顔をした。

329 泡を食う

ひどくおどろいてあわてる。うろたえる。

火災報知器の音に（⑥）って、一目散ににげ出した。

答え ④舌鼓を打つ ⑤鳩が豆鉄砲を食ったよう ⑥泡を食う

330

お膳立てが揃う

物事を始める準備が整い条件が揃う。「お膳立てする」「お膳立てが整う」などともいう。

初めてのボウリングだよ。
大丈夫！ほら、ブタ美、子ども用のボールよ。

ほら、ブタ美、このすべり台にボールをのせて転がしてみて。
すべり台!?

初心者のための（①）。

331

雨後のたけのこ

似たような物事が次から次へと現れること。

新しいアイドルグループがデビューしたって。
数日前にも同じ話をしていなかった？
ホラ
確かに。今回は歌声も売りだって。
いや、前もそうだったよ。
その前も、その前も。

アイドルグループは、（②）のように誕生し続けている。

332

刺身のつま

〈刺身にそえて引き立てる海藻や細切り大根などのことから〉あってもなくても、あまり影響がないもの。

ん～、どれもごうかな料理じゃ！おい。お主もいっしょに食べぬか。
めっそうもない！
私は、ただ殿に仕える身にござりまする。
そんなこと言わずに、ほれほれ。

殿に仕える身、私は（③）のようなものです。

答え ①お膳立てが揃う ②雨後のたけのこ ③刺身のつま

333
煮え湯を飲まされる

信じていた相手に裏切られ、ひどいめにあわされる。類 飼い犬に手を噛まれる

弱点をばらされるとは、（④）たな。

334
食が細い

少ししか食べることができない。

（⑤）くて、一人前では量が多い。

335
食わず嫌い

食べもしないで嫌いと決めつけてしまうこと。物事の中身を知らないのに、嫌って試そうとしないこと。

やったこともないのに向いてないなんて言うのは（⑥）だよ。

答え ④煮え湯を飲まされ ⑤食が細 ⑥食わず嫌い

336 青菜に塩

急に元気をなくして、しょんぼりすること。

彼は（①）のように元気をなくした。

337 味も素っ気もない

何の味わいも、おもしろみもない。

（②）つまらない話が永遠に続くように思われる。

338 味を占める

一度うまくいったことが忘れられず、また期待してやってみたくなる。

懸賞を当てたことに（③）て、毎月応募している。

答え ①青菜に塩 ②味も素っ気もない ③味を占める

339

梨の礫

いくら連絡しても何の返事もないこと。「礫」は投げつける小石のこと。

参「梨」と「無し」をかけた言葉。

いくら手紙を出しても何の返事もない、まったく（④）だ。

340

オブラートに包む

相手を傷つけないように、遠回しのやわらかい表現で伝える。

不快な思いをさせないように、（⑤）んで伝える。

341

お茶を濁す

表面だけ取りつくろう。その場を適当にごまかす。いい加減なことを言って、その場を適当にごまかす。

適当なことを言って（⑥）。

答え ④梨の礫　⑤オブラートに包　⑥お茶を濁す

342 甘い汁を吸う

自分は苦労せず、人をうまく利用して利益を得る。


限定表紙の最新刊マンガ、あそこの本屋だけで売られるらしいよ。ウサ吉、家が近かったよな。

えっ、絶対買わなくちゃ！

やっぱりこのマンガは最高だなあ！

ぼくが買ってきたのに先に読まないでよ！


人を利用して、自分だけ（　①　）おうだなんて許さない。

343 胡麻を擂る

自分の利益のために、相手にお世辞を言ったり、機嫌を取ったりする。

上司に（　②　）のは、出世したいからだ。

344 鯖を読む

〈鯖はくさりやすく、急いで数をかぞえたことから〉自分の都合のよいように、数をごまかしてかぞえる。


おばあちゃん、100才のお誕生日、おめでとう！

ありがとうや。

あの年で鯖を読まなくてもいいのに…。

ホントは102才！

ホホホ

祖母は2才若く（　③　）んでいる。

答え ①甘い汁を吸 ②胡麻を擂る ③鯖を読

覚えた言葉を確かめよう！

キャッチアップ！クイズ 18

正しい慣用句になるほうを選ぼう。

①議論がまとまらないときに権力のある人が、物事が決まってしまうようなひと言を言うこと。

｛鶴／鷹｝の一声

②本性をかくして、おとなしそうに見せかける。

｛猫／犬｝を被る

③どうしてそうなったのか、事情がわからず呆然とする。

｛狐／狸｝につままれる

④ごまかしたり、かくしたりしている証拠をつかむ。

｛尻尾／頭｝をつかむ

➡ 答えは 367 ページにあります。

345

手塩に掛ける

自ら世話をして大切に育てる。「手塩」は、好みの味つけができるように置いておく塩のこと。

はいはい。
ごはん
ごはん
ごはん
たくさんお食べ。
あっという間だったわ…。
さよなら、子どもたち。

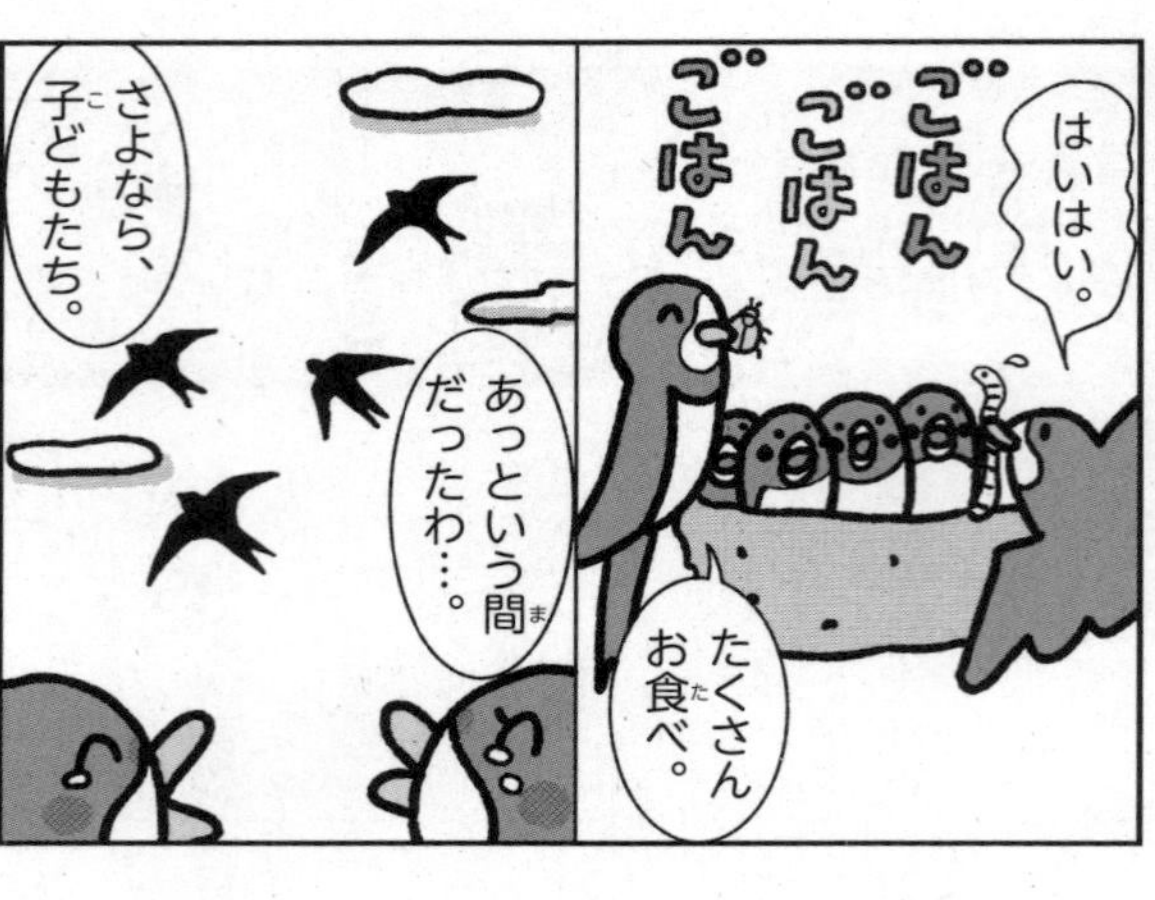

（①）て育てた子どもたちも、いつか巣立っていくんだな。

346

骨身にこたえる

骨にひびくほど体に強く感じる。
参 刺激や痛みについていう場合が多い。 類 身に染みる

年を取ると、畑仕事が（②）。

347

心が弾む

うれしいことや楽しいことを思って、気持ちがうきうきする。 類 胸が踊る／胸が高鳴る／心が踊る

明日は楽しみにしていた入学式！うきうきして（③）。

答え ①手塩に掛け ②骨身にこたえる ③心が弾む

348

心ここにあらず

ほかの物事に心をとらわれて、目の前のことに集中できない。

今日の授業は一日中（　④　）だった。

349

心を奪う

強く心を引きつける。人を夢中にさせる。参「心を奪われる」という形でも使う。

スーパーヒーローは、少女の（　⑤　）った。

350

身に染みる

しみじみと心に深く感じる。寒さ、冷たさが厳しく感じられる。類 骨身にこたえる

大病をすると、健康の大切さが（　⑥　）。

答え ④心ここにあらず ⑤心を奪 ⑥身に染みる

351
身につまされる

他人の不幸などが自分のことのように感じられる。

つらい話を聞いて、（　①　）思いだった。

352
身の毛がよだつ

あまりのおそろしさにぞっとして、体の毛が逆立つように感じる。「身の毛もよだつ」ともいう。 類 総毛立つ

（　②　）怪談話を聞いた。

353
怒り心頭に発する

怒りが激しくこみ上げる。心の底から激しく怒る。 注 「発する」を「達する」とするのはまちがい。

おやつをぬすまれて、（　③　）。

答え ①身につまされる　②身の毛がよだつ　③怒り心頭に発する

354 肩身が狭い

世間に対してはずかしく、引けめを感じる。対 肩身が広い

息子の発言のせいで、（④）思いをした。

355 骨身を惜しまず

苦労や面倒をいやがらない。懸命働く様子を表す言葉。参 一生

彼女は（⑤）、よく働く。

356 身に付く

知識や技術などが自分のものになる。

読書習慣が（⑥）いた。

答え ④肩身が狭い ⑤骨身を惜しまず ⑥身に付

357 身に余る

評価などが自分の力量以上に過大である。負担が大きすぎて自分では対処できない。

最優秀賞は、トラ夫監督の作品に決定しました！
トラノコ物語
ワー
ワー
うぅっ
つたないところもありましたが…とても光栄です！
パチ
パチ
パチ

このようなすばらしい賞をいただくなんて、（①）光栄です。

358 物心が付く

世の中の様子や人の気持ちがわかるようになる。参 幼児期から少年、少女期に入る年ごろに使う。

（②）いたころには、すでにこの街に住んでいた。

359 身を立てる

一人前の人物として認められる存在になる。出世する。その職業によって生計を立てる。類 立身出世

3年前から開業医として、（③）ています。

答え ①身に余る ②物心が付 ③身を立て

360 骨身を削る

体が細くなるほど、大変な苦労や努力をする。

類 身を削る／命を削る

（④）思いで作品をかき上げた。

361 初心に返る

そのことを始めたときの純粋な気持ちを思い出して、改めて努力する。

（⑤）って、もう一度体力づくりからやり直そう。

362 心に掛ける

いつもあれこれ思いやる。心配する。

類 気に掛ける／心に留める

私は家族が幸せであるように、いつも（⑥）ています。

答え ④骨身を削る　⑤初心に返る　⑥心に掛け

363 心を砕く

あれこれ考えてなやんだり、心配したりする。苦心する。気を配る。

子どもたちへの伝え方に（①）。

364 身を入れる

真剣になって物事に取り組む。一生懸命に行う。

受験勉強に（②）。

365 身を粉にする

苦労をおしまず働く。**注**「粉」は「こ」と読む。**類** 粉骨砕身／力を尽くす／身を砕く

学費を貯めるため、（③）して働いた。

答え ①心を砕く ②身を入れる ③身を粉に

覚えた言葉を確かめよう！

キャッチアップ！クイズ 19

慣用句の意味に合うように、線で結ぼう。

① 足が棒になる ・ 　・ア 人の成功をじゃまする。

② 足が早い ・ 　・イ 食べ物などがくさったり、いたんだりするのが早い。

③ 足を引っ張る ・ 　・ウ 残されたものから犯人やにげた人の足取りや行方がわかる。

④ 足が付く ・ 　・エ 長い間歩いたり立ち続けたりして足がひどくつかれ、棒のように動かなくなる。

➡答えは367ページにあります。

366

木で鼻を括る

相談やたのみごとをされたとき、ひどく冷たい態度であしらったり、無愛想に対応したりする。

彼に話しかけたら、（①）ったような返事をされた。

367

顎が外れる

おかしくて大笑いする。

にらめっこをして、（②）ほど笑いこけた。

368

顔を曇らせる

心配ごとなどで表情を暗くする。悲しい顔つきをする。

テストの点数を見て、母は（③）た。

答え ①木で鼻を括 ②顎が外れる ③顔を曇らせ

369 歯を食いしばる

苦しさやいかり、苦痛などをぐっとこらえる。

（④）って、つらい修行を乗りこえた。

370 唇を噛む

くやしさやいかりをじっと我慢する。

くやしさに（⑤）み、じっとうつむいた。

371 親の顔が見たい

しつけの悪い子の言動におどろき、あきれて言う言葉。

ピチャ
ピチャ
ガツ
ガツ
おぎょうぎ悪いわねえ。親の顔が見てみたいわ。
くるっ
あれっ、ママも来てたの!?
えっ、うちの子だった…!?
ガクッ

ぎょうぎの悪い子ね…。まったく（⑥）てみたいわ。

答え　④歯を食いしば　⑤唇を噛　⑥親の顔が見

372 舌を巻く

言葉が出ないほど感心したり、おどろいたりする。

ポン
本当にタネのないマジックショーへようこそ!
ワー
本当に手品!?超能力みたいだな…。
す、すごい…

起きるはずのないことが起きる、マジックショーに（①）。

373 眉をひそめる

いやなことや心配ごとがあるときに顔をしかめる。

注「眉をしかめる」とは言わない。

や～い!
や～い!
やめてくれよ～。
おい、いじめはやめろ!
ひどいことするなあ…。
しくしく…

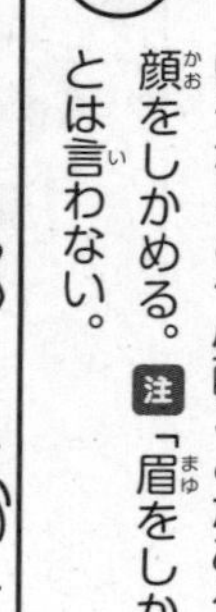

暴行事件の詳細を聞き、人々は（②）た。

374 顔を潰す

名誉を傷つけたり、面目を失わせる。

類 顔に泥を塗る　**対** 顔を立てる

妹の手助けをするつもりが、逆に（③）してしまった。

答え ①舌を巻く ②眉をひそめ ③顔を潰

375

顔が売れる

世間に広く知られるようになる。有名になる。

テレビ出演がきっかけとなり、幅広い世代に（④）た。

376

喉から手が出る

非常にほしくてたまらない。参「〜ほど」「〜くらい」などと使うことが多い。類 よだれが出る

ぼくは（⑤）ほど、このゲームがほしい。

377

歯が立たない

相手との力の差がありすぎて、とてもかなわない。力がおよばない。

ベストをつくしたが、横綱には（⑥）かった。

答え　④顔が売れ　⑤喉から手が出る　⑥歯が立たな

378 顔が広い

つき合いの範囲が広く、知り合いがたくさんいる。世間に広く名を知られている。

ヤギ沼さん、こんにちは。
お元気そうですね。
散歩ですか？
コン田さん、こんにちは。
ええ、孫と公園に。
クマ下さんもお変わりないですか？
おじいちゃん、知り合いが多いね。
みんな、趣味の仲間なんじゃよ。

祖父は（①）く、全国各地に知り合いがいる。

379 舌が回る

ぺらぺらとよくしゃべる。ものの言い方がたくみである。 類 口が回る

このジュースは、森の新鮮な果物の果汁100％で、体によい成分が20種類も入っていて、毎日飲むと健康になることまちがいなし！
さらに、今日はここにいるお客さんだけ特別に半額になりますよ。さあ、おひとついかが？
ペラ
ペラ
ジュース

あれだけまくしたてて、よくまあ、（②）ものだ。

380 顔が利く

信用や権力があるため、特別あつかいされる。その人の望むことは無理があっても通る。

あそこをせき止めたら、もっと魚がとれるのに…。
だれか、ダムづくりができる知り合いはいないか？
それなら、ぼく知ってるよ！
まいど
どうも！
ビーバー巣作りカンパニー
ビバ橋さんならきっと何とかしてくれるよ。

その業界には、ちょっと（③）んだ。

答え ①顔が広 ②舌が回る ③顔が利く

381 顎で使う

いばった態度で人に指図して仕事をさせる。

のどがかわいたわ。ジュースを持ってきて！
くいっ
はいっ！
やばっ
ダメでしょ、下級生に命令したりしちゃ。

下級生だからといって、（　④　）ってはいけませんよ。

382 顎をしゃくる

いばった態度で人にものを言いつけたりたのんだりする。「しゃくる」は、下顎をつき出すようにすること。

イエス、サー!!
くいっ
ボス会議
なんて失礼なやつらだ…。
全員がボスだとまったく会議が進まないな…。

（　⑤　）ってものを言いつけるなんて、失礼な人だなあ。

383 舌が肥える

いろいろなものを食べて、味のよしあしがわかるようになる。「口が肥える」ともいう。類 口が奢る

むむっ！ほのかなあまみともっちりとした食感…。
大将、この米は鬼ケ島産の新米だろうか？
ご名答！産地まで見ぬくとはさすがですね。

彼は（　⑥　）た美食家だ。

美食家…ぜいたくなおいしいものを好んで食べる人。

答え ④顎で使 ⑤顎をしゃく ⑥舌が肥え

384

顔を立てる

相手の面目や名誉を傷つけないようにする。「顔が立つ」とも使う。

対 顔を潰す／顔に泥を塗る

後輩が見ているから、今日のところは彼の（ ① ）よう。

385

目の敵

見るたびににくらしく思うこと。また、そのような相手のこと。

あの犬は私を（ ② ）にしていて、いつもほえかかってくる。

386

目も当てられない

ひどくて見ていられない。見るにしのびない。

類 見るに堪えない

どうにか料理はできたが、キッチンは（ ③ ）ありさまだった。

答え ①顔を立て ②目の敵 ③目も当てられない

覚えた言葉を確かめよう！

キャッチアップ！クイズ 20

気になったまことは、図書館の中庭のベンチに座り本を開いた。どうやら、魔法を勉強する少年が主人公のファンタジー小説らしい……。

「おもしろそう！」

まことは続きを読み始めた。主人公のアークはさまざまな魔法を練習していた。最初は、植物の芽を出す魔法。アークがその魔法を使うと……。ニョキッ！　まことの足もとから草の芽が出てきた。まことは鳩が豆鉄砲を食ったような顔になった。

「えっ、今の、なに？」

まことは地面の芽をじっと見つめた。

――と同じ意味の言葉を選ぼう。

① 犬も食わない

② 猫も杓子も

③ 狐につままれる

④ おうむ返し

➡答えは367ページにあります。

387

目を細める

うれしくて、目を細くしてほほえむ。「目を細くする」ともいう。

そろそろ孫たちが来るわよ。

そうか。

じいじ、ばあば、こんにちは。

ニコニコ

孫の愛らしいしぐさに、祖父は（①）た。

388

目頭が熱くなる

感動して、なみだが出そうになる。

たくましくなって帰ってくるのだ！

どーん

アー

父上、帰って参りました。

なんと立派になって…。

久しぶりの再会に、思わず（②）った。

389

人目に付く

他人の注目を浴びる。目立って見える。 類 人目を引く

明日の発表会、お手伝いよろしくね！

裏方だから、目立たない格好で来てね。

ウッスー

ゴリ夫くん…。

めっちゃ目立ってる～。

（③）ような、目立つ服装はさけてください。

答え ①目を細め ②目頭が熱くな ③人目に付く

390 人目を引く

目立っていて、人の注意をひきつける。**類** 人目に付く

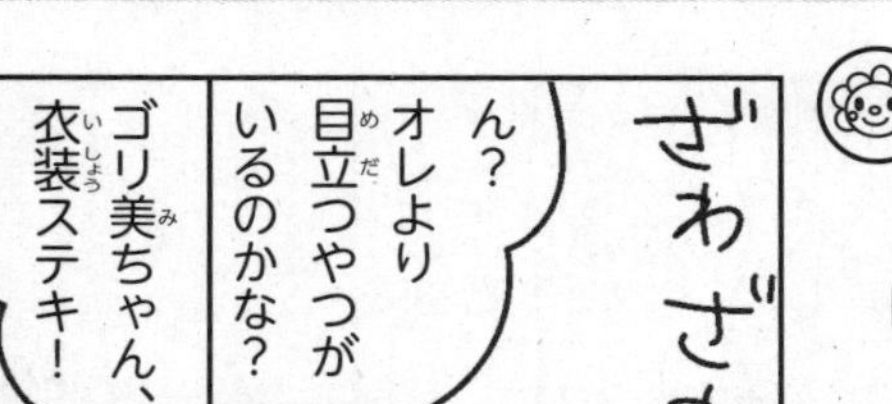

主役の彼女は、多くの（④）ほどの美しさだった。

391 日の目を見る

うもれていた物事が世間に知られるようになる。不遇だった人に運がめぐって世に出る。

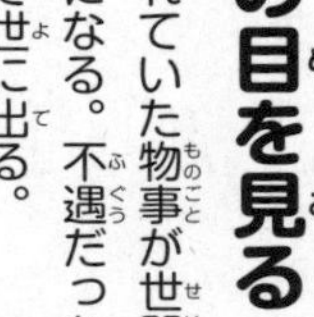

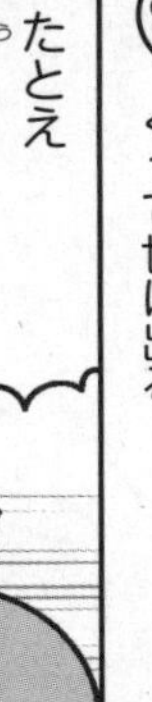

この小説に（⑤）ときが来るとは思わなかった。

392 目が無い

分別をなくすほど好きでたまらない。また、物事や人物を正しく判断したり評価したりする力が無い。

あの人はバナナに（⑥）から、お土産に持っていくと喜ぶよ。

答え　④人目を引く　⑤日の目を見る　⑥目が無い

393

目が回る

めまいがして、ものを見ることができない。非常にいそがしい。

森のうどん屋
開店記念！
本日すべて半額！
たくさん来てくれるといいね。
あと3杯ちょうだい！
こっちは5杯！
いそがしくて目が回りそう〜。

開店初日は客が殺到し、（①）いそがしさだった。

394

目が肥える

たくさん見ることによって、すぐれているかどうかを見分ける能力がつく。類 目が利く／目が高い

ツヤがあってあざやかだな、こっちにしよう。
さかな
へー
ああやって新鮮さを見るのか…。
これ、ください。
こいつは上物だよ。さすがクマ助、目が肥えているなぁ。

魚を見る（②）たのは、ずっと市場に通っていたからだ。

395

目が眩む

一時的に目がよく見えなくなる。何かに心をうばわれて、よしあしの判断がつかなくなる。

メロスは必ずもどると信じている。
待ってろ、親友！
ちょいと兄さん、いい骨あるよ。
えっ？それ、いくら？
フラフラ〜

欲に（③）んで、親友を裏切ってしまった。

答え ①目が回る ②目が肥え ③目が眩

396

目に余る

あまりにひどくて見ていられない。数が多くて一度に見わたせせない。

桃太郎さん、また鬼が出たってうわさですよ。
退治しなくていいんですか?
ボリ
え〜? 鬼がなんだって〜?
ボリ
ダメだコリャ。

このごろの彼は、やる気のない態度で（④）。

397

目を疑う

見たものがあまりに意外で、本当だと信じられない。

あ〜、20年ぶりのわが故郷!
サバンナは確かこっちのほうに…。
なんだ…この街は…。
おかえり!! 都会化したのよ。
ママもね

二十年ぶりの故郷は、（⑤）ほどに様変わりしていた。

398

裏目に出る

よいと思ってしたことが、かえってよくない結果になる。

よし、ピンチのときにはピッチャー交代! たのんだぞ、カン太!!
はい!
ボール!
ボール!
ボール!
フォアボール! ゲームセット!!

選手交代が、かえって（⑥）てしまった。

答え ④目に余る ⑤目を疑う ⑥裏目に出

コラム3

これって、どんな意味？ 世界のことわざ大集合!!

ことわざは世界中にあるよ。
いろいろな国のことわざを見てみよう。

ちがう表現で、同じ意味を表していたりするんだね！

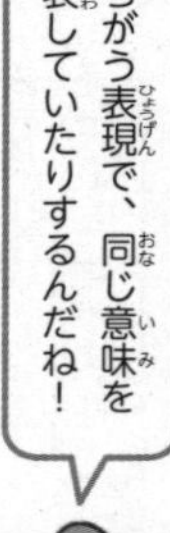

235 逃げるが勝ち

フランス

良い頭のないときは良い足をもたねばならない

頭が働かなければ、なやんでいても仕方がないので、元気な足を使うしかないということ。

アイルランド

素早い退却は悪しき抵抗に勝る

思いどおりにいかないときは、むやみに抵抗するよりも、状況に合わせて素早く退却するほうが効果的だということ。

イギリス

戦って逃げる者は生きのびてまた戦える

生きてさえいれば、また戦うことができるので、逃げることは悪いことではないということ。

131 取らぬ狸の皮算用

ロシア

熊をとらえる前に熊の皮を売るな

熊の毛皮は帽子やコートなどに使われるが、まだつかまえてもいないのに売ることはできないということ。

韓国

卵をかえす前にひよこを数えるな

にわとりの卵を温めても、すべてがひよこにかえるとは限らない。不確かなことはあてにしてはいけないということ。

コンゴ共和国

ジャッカルをつかまえる前に毛皮を売るな

ジャッカルの毛皮には価値があるが、まだつかまえていないのに売ることはできないということ。

209

鉄は熱いうちに打て

イラン

パンはかまどの熱いうちに焼け

かまどの温度が低いと、上手にパンを焼くことができないので、かまどの温度が高いうちにパンを焼くのと同じように、チャンスをのがしてはならないということ。

キルギス

鉄は熱いうちに打ち、大切なことは話が盛り上がったときに言え

2つのことわざが合わさってできたことわざ。大切な話を切り出すときには、聞いてもらえるタイミングをのがしてはいけないということ。

ソマリア

牛の角はナイフの冷めないうちに切る

牛に角があると、牛同士でたがいを傷つけてしまうことから角を切り落とすが、そのときにナイフを殺菌のために熱することから、物事は始める時期をのがしてはならないということ。

227

安物買いの銭失い

フィンランド

30マルカの仕立て屋は3000マルカの損

安い仕立て屋の服は生地も出来映えもよくないので、作り直さないといけないことがあり、かえって高くつくということ。

トルコ

安い肉のシチューはまずい

値段は安いが質のよくない肉を使ったシチューは味が悪く、かえって損をするということ。

スロベニア

安物と安売りが財布を空にする

安い物や安売りに飛びついて、必要のない物を買うと、いつの間にか財布が空になってしまい、かえって損をしてしまうということ。

399

脇目も振らず

ほかのことに気を取られないで、一つのことに集中するさま。

ト・ラ・美ちゃん！あーそーぼ！
がりがりがりがり
ごめん！今、勉強中なの。
トラ美〜、晩ご飯できたわよ。
ごめん！今、勉強中なの。
すごい集中力。

試験合格をめざす彼女は、（①）勉強に取り組んでいる。

400

目が高い

物事のよしあしを見分ける力がすぐれている。**類** 目が利く／目が肥える

この宝石のよさを見ぬくとは、お（②）ですね。

401

目が利く

物事のよしあしを見分ける能力がある。**参** 目が利く人を「目利き」という。**類** 目が肥える／目が高い

これ、わが家に代々伝わるつぼなんだけど、売れますか？
こ、これは！伝説のつぼじゃありませんか！
ほ…本当に!?

この古道具屋さんは（③）みたいだ。

答え ①脇目も振らず ②目が高い ③目が利く

402

人目を憚る

人に見られないように気を配る。人に見られるのをおそれてさけようとする。類 人目を忍ぶ

今、何かかったか？通らな
ああっ!? ダイヤがぬすまれているぞ！
よ～し、今回の計画もうまくいったぞ。
もう変装しなくてもいいだろう。

ここまで来れば大丈夫。もう（④）必要はないだろう。

403

大目に見る

人の失敗やまちがいを厳しく責めない。心が広く他人をとがめない。

あああ！すみません～。
こら！ウサ子！
うどん
あち～っ！
私はクビでしょうか？
今回だけは大目に見よう。
ブルブル

わざとではないし、今回のミスは（⑤）よう。

404

長い目で見る

現在の状態だけで判断せず、将来のことまで考えて気長に見守る。

ウサ子は相変わらず、ミスばっかりだな。
でも少しずつ学んでいますよ。
まあ、長い目で見て、成長を見守りましょう。
そうだな

新人は（⑥）て育てていこう。

答え　④人目を憚る　⑤大目に見　⑥長い目で見

405 抜け目がない

自分が得する点によく気がついて、機会をのがさないように立ち回る。

バーゲン情報のチェックに（　①　）。

406 目くじらを立てる

小さなあら探しをして相手をとがめる。「目くじら」は、目じりのこと。

類 目を吊り上げる／目を三角にする

今日はみんなで森を掃除しましょう。
やろう
やろう
ちょっと！まだここにかれ葉が落ちてるじゃない！
ここのどんぐりも拾ってないわよ！
そこまで言わなくても…

彼女は掃除のことになると、（　②　）て文句ばかり言う。

407 目に物見せる

はっきりとわからせる。相手をひどい目にあわせて、思い知らせる。

このまま負けたりしないぞ。次こそ、（　③　）てやる。

答え ①抜け目がない　②目くじらを立て　③目に物見せ

408 目もくれない

興味がなく見ようともしない。まったく無視する。

彼は、興味があるもの以外には（④）。

409 目をつぶる

見なかったふりをして、好きなようにさせる。気に入らない点があっても我慢する。

ぼくの仕事量のほうが多いですが、今回は（⑤）りましょう。

410 目を掛ける

見こみがあると思って、引き立ててやったり面倒を見てやったりする。

私が（⑥）て育てた、自慢の教え子です。

答え　④目もくれない　⑤目をつぶ　⑥目を掛け

411

目を丸くする

びっくりして、目を大きく開く。

類 目を見張る

子どもたちは（ ① ）して手品を見つめた。

412

目を凝らす

注意してよく見る。じっと見つめる。

よ〜く見てごらん! あれがオリオン座じゃ。
よく見たら、星座の形がうかんできたよ!

夜空を見上げて（ ② ）。

413

目を見張る

おどろいたり感動したりして、目を大きく開いて見つめる。類 目を丸くする

コーチも（ ③ ）ほどの上達ぶりだ。

答え ①目を丸く ②目を凝らす ③目を見張る

覚えた言葉を確かめよう！

キャッチアップ！クイズ 21

慣用句の意味に合うように、文字を正しく並べかえよう。

①しみじみと心に深く感じる。

に｜染｜る｜み｜身

↓

□□□□□

②手品などのしかけを人に教える。

す｜明｜を｜種｜か

↓

□□□□□

③食べもしないで嫌いと決めつけてしまうこと。

嫌｜ず｜い｜わ｜食

↓

□□□□□

➡答えは367ページにあります。

414

目を光らす

問題が起こらないように気をつけて見る。厳しく見張る。

不審者がいないか、いつも（①）せている。

415

目を盗む

人に見つからないように、すきを見てこっそり行う。類 目を掠める

母の（②）んで、おかずをつまみ食いした。

416

目をつける

注意をはらって見る。ねらいをつけて見る。様子をうかがう。

スカウト係が（③）た、将来有望な選手だ。

答え ①目を光ら ②目を盗 ③目をつけ

417 目星をつける

おおよその見当をつける。目標にする。

探偵はついに犯人の（④）た。

418 目から鼻へ抜ける

理解が早くかしこい。抜けめがない。

類 一を聞いて十を知る

彼女は要領がよく、（⑤）ような対応ができます。

419 鼻が高い

ほこらしく得意である。

父が優勝して、ぼくまで（⑥）。

答え ④目星をつけ ⑤目から鼻へ抜ける ⑥鼻が高い

420 鼻であしらう

ろくな対応もせず、見下したあつかいをする。そっけない態度をとる。

師匠にアドバイスを求めたが、（　①　）われてしまった。

421 鼻で笑う

鼻先で、けいべつした笑い方をする。「鼻（の）先で笑う」ともいう。

彼はぼくの話を聞いて、ふふんと（　②　）った。

422 鼻につく

あきていやになる。言動がいやみに感じられる。

だじゃれを何度も聞かされるのは（　③　）なあ。

答え ①鼻であしらう ②鼻で笑う ③鼻につく

423

鼻持ちならない

言葉づかいやふるまいなどが、いやな感じでたえきれない。

人を見下す彼女の態度は、まったく（④）よ。

424

鼻に掛ける

得意げな様子でいばる。自慢する。

自分の料理の腕前を（⑤）。

425

鼻を折る

相手のうぬぼれやおごりをくじく。得意がっている人にはじをかかせる。「鼻っ柱をへし折る」ともいう。

将棋が強いと自慢している彼の（⑥）ってやろう。

答え　④鼻持ちならない　⑤鼻に掛ける　⑥鼻を折

426

鼻を明かす

得意になっている相手を出しぬいて、あっと言わせる。

いつも一番だった友達の（①）した。

427

鼻息が荒い

得意になり意気ごみが激しい。強気である。

メンバーたちは、優勝に向けて（②）。

428

開いた口が塞がらない

相手の態度や行為にあきれたり、あっけにとられてものが言えない。

乱暴な人の態度に、（③）。

答え ①鼻を明かす ②鼻息が荒い ③開いた口が塞がらない

覚えた言葉を確かめよう！
キャッチアップ！クイズ 22

正しい慣用句になるほうを選ぼう。

① 自分の都合のよいように、数をごまかして数える。
｛鮭／鯖｝を読む

② 急に元気をなくして、しょんぼりすること。
青菜に｛砂糖／塩｝

③ いくら連絡しても何の返事もないこと。
｛柿／梨｝の礫

④ 同じ人が表向きの仕事とは別に、それとは両立できないようなほかの種類の仕事もする。
二足の｛草履／草鞋｝を履く

➡ 答えは 367 ページにあります。

429 口が重い

口数が少なく無口である。**対** 口が軽い

兄は注目されると、とたんに（　①　）くなる。

430 口を揃える

多くの人が同時に同じことを言う。「声を揃える」ともいう。**類** 異口同音

全員が（　②　）て賛成した。

431 口を噤む

口を閉じて何も言わない。**類** 口を閉ざす

ワー
ワー
映画館より、スポーツジムがいいなあ…。
走る練習したいし…
わーい
わーい映画館〜!
やったー!
言えない…

意見したかったが、みんなが喜んでいたので（　③　）んだ。

答え ①口が重 ②口を揃え ③口を噤

432

口車に乗る

相手のたくみな言い回しにだまされる。「口車に乗せる」とも使う。

この車は、安全で乗り心地バツグンですよ。今なら100円です。いかがですか？
それじゃあ、いただこうかしら。
安全で乗り心地はいいけど、歩くよりおそいわ！
のろのろ
おそいね

うまい話などないのに、つい（④）ってしまった。

433

口が軽い

秘密にしておかなければならないようなことも、軽率に人に話してしまう。

対 口が重い／口が堅い

そろそろ南のほうに引っ越しかしら。
そうだなあ…。
妹に知られたら学校中に知れわたっちゃうから、もうしばらくだまっておこう。

妹は（⑤）ので、まだしばらくはだまっておこう。

434

口が堅い

秘密などを軽々しく人に話さない。

対 口が軽い

おならしちゃった。このことは秘密にしてくれ。
うん、わかった。
20年後の同窓会
あのことはだれにも言ってないからな。
まだ覚えていたのか…。
ワイワイ

彼は（⑥）だけでなく、約束も必ず守る。

答え ④口車に乗 ⑤口が軽い ⑥口が堅い

435 口が滑る

言ってはいけないことや、余計なことをついうっかり言ってしまう。「口を滑らす」とも使う。

つい（①）って、本当のことを言ってしまった。

436 口を利く

物事がうまくいくように間を取りもつ。「口利き」ともいう。

友人が（②）いてくれたおかげで、話がスムーズに進んだ。

437 口を割る

かくしていたことを白状する。自白する。 類 泥を吐く

証拠をつきつけられ、容疑者がついに（③）った。

答え ①口が滑 ②口を利 ③口を割

438 口を挟む

人が話している途中で、横から話に割りこむ。 類 口を出す

君には関係のない話だから、（④）まないでもらえるかな。

439 口裏を合わせる

たがいに示し合わせて同じ内容のことを言う。相手の言うことに話を合わせる。「口を合わせる」ともいう。

妹に秘密がばれないように、話の（⑤）た。

440 口程にもない

実際にすることが本人の言うほどではない。

自分から売りこんできたのに、（⑥）な。

答え ④口を挟 ⑤口裏を合わせ ⑥口程にもない

441

口を尖らす

くちびるをつき出して、おこったり口論したりする。不満な気持ちを表に出す。「口を尖らせる」ともいう。

遠足が中止だと聞いて、みんながいっせいに（　①　）せた。

442

口が酸っぱくなる

同じことを何度もくり返して言う。

（　②　）ほど言って聞かせたのに、態度を改めようとしない。

443

耳が痛い

自分の欠点や弱点が指摘されたとおりで、聞くのがつらい。

（　③　）忠告ですが、これからもっと精進します。

答え　①口を尖ら　②口が酸っぱくなる　③耳が痛い

覚えた言葉を確かめよう！

キャッチアップ！クイズ 23

□には食べ物が入るよ。下から選んで線で結ぼう。

① 雨後の□
似たような物事が次から次へと現れること。

② 鳩が□鉄砲を食ったよう
思いがけないことにおどろいて、きょとんとして目を見張るさま。

③ □と鞭
ほめてあまやかしたり、厳しく接したりを使い分けること。

④ □を擂る
自分の利益を得ようと、相手にお世辞を言ったり、機嫌を取ったりすること。

・豆
・胡麻
・たけのこ
・飴

➡答えは 367 ページにあります。

444

耳に付く

いったん聞いた物音や声が耳に残って忘れられなくなる。うるさく感じる。

孫のひと言が（　①　）いてはなれない。

445

耳を疑う

びっくりすることを聞き、聞いた話が信じられない。あまりに意外で、聞きまちがいではないかと思う。

事件の首謀者は、（　②　）人物だった。

446

耳が早い

情報やうわさ話などを、人より早く聞きつける。

彼女は、情報通で（　③　）。

答え ①耳に付 ②耳を疑う ③耳が早い

447

耳にたこができる

同じことを何回も聞かされてうんざりする。また同じ話かといやになる。

若いうちに旅に出るんじゃ！
うん、わかった！
若いうちに旅に出るんじゃ！
じいちゃん、もうわかったよ！

同じ話を何度も聞かされて、（④）。

448

耳を揃える

金銭などを必要なだけ全額用意する。不足なく用意する。

どうもありがとうございました。
おかげさまで、お店も軌道に乗りました。
借りていたお金をお返しします。
確かに全額受け取りました。

（⑤）て借金を返済した。

449

小耳に挟む

ふと耳にする。ちらりと聞く。

類 耳に挟む

シカ島、部活やめるってよ。
えーー
部活をやめるって、本当ですか？
ああ、本当だよ。だれから聞いたんだい？

先輩のうわさを（⑥）んだのですが、本当ですか？

答え ④耳にたこができる ⑤耳を揃え ⑥小耳に挟

450 耳が肥える

音楽などを多く聞くにつれて、そのよしあしを判断したり、味わったりする力をもつようになる。

さすがオペラ歌手!! 子守歌もすばらしいな。
ね～～ん ね～～ん
大人になったブー子は音楽評論家になった。
今年のソプラノは高音がイマイチね。

音楽をきいて育ったおかげで、（　①　）た。

451 耳をそばだてる

注意して聞き取ろうとする。「そばだてる」は、一方のはしを高くすること。類 聞き耳を立てる／耳を澄ます

知ってる? シカ島ってこの前…
えっ、彼のことを話している?
シカせんべいを…
なになに、シカ島先輩がどうしたって!? よく聞こえないわ。

先輩のうわさ話が気になって、（　②　）。

452 耳を傾ける

熱心に聞く。よく注意して聞く。集中して聞く。

ええ～ 重要な話なので、みなさん、よく聞いてください。明日から…。
私のダイエットを手伝ってください。最近太ってきたので～。
アホらし かえろ

多くの観衆が、大統領の演説に（　③　）。

答え ①耳が肥え ②耳をそばだてる ③耳を傾ける

453

耳を澄ます

わずかな物音や声も聞きもらさないように集中して聞く。類 聞き耳を立てる／耳をそばだてる

鳥のさえずりが聞こえるよ。

えっ？聞こえないよ。

よーく耳を澄ましてごらん。

ホーホケキョ

聞こえた！ウグイスだ。

もうすぐ春が来るね。

鳥のさえずりが聞こえるから、（④）してごらん。

454

耳を貸す

人の話を聞く。人の話を聞いて相談に乗る。注「耳を貸さない」の形でも使う。

だんな、だんな。

なんだい？

いいもうけ話があるんでげす。

ヒヒヒ

そんなの興味ないよ。

いいもうけ話があるんです。お（⑤）してくださいな。

455

聞く耳を持たない

相手の言うことを聞こうとする態度がない。

あのう…。

私は王様！身分の低い者とは話をせんの!!

親切な忠告にも（⑥）。

答え ④耳を澄ま ⑤耳を貸 ⑥聞く耳を持たない

456 手に汗を握る

はらはらしながら見守る。熱狂したり、緊張したりする。**類** 固唾を呑む

映画の戦闘シーンは、（①）展開だった。

457 後手に回る

相手に先をこされて、受け身にならざるを得なくなる。不利になる。**類** 遅れを取る

ハーッ
ビシッ
ああああっっっっ!!
サーーッ!!
ガーーン
いきなりリードされちゃった…。

先制点を取られて、1セットめは（②）った。

458 指をくわえる

ほしい物を手に入れられず、他人をうらやましく思いながらただ見ている。

ライバルがちやほやされているのを（③）て見ている。

答え ①手に汗を握る ②後手に回 ③指をくわえ

459

手が掛かる

そのことをするのに多くの時間や労力がかかる。

幼い子どもは（④）。

460

手が付けられない

手のほどこしようがない。とるべき手段や方法がない。度が過ぎていて、どうすることもできない。

妹は一度泣き始めると、だれにも（⑤）。

461

手が回る

細かいところまで注意が行き届く。また、犯人をつかまえるための手配が行きわたる。

警察の（⑥）のが早かった。

答え　④手が掛かる　⑤手が付けられない　⑥手が回る

462 手が空く

仕事などがひと段落して、時間に余裕ができる。対 手が塞がる

宿題、終わったー。
何しようかな～。
ピクッ
洗濯物をたたむお手伝い、よろしく!!
ドサー
ええっ…。

（①）いたら、手伝ってちょうだい。

463 手が出ない

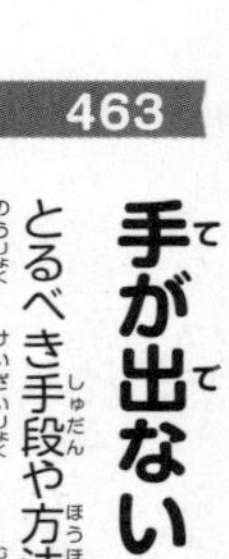

とるべき手段や方法がない。自分の能力や経済力では難しくてどうにもならない。

高級すぎて、とても（②）。

464 手ぐすね引く

しっかりと準備をして、相手や機会が来るのを待ちかまえる。

親分、敵がこちらに向かっています！
さあ、みなの者、戦いの準備だ!!
ブンブン
桃太郎め、かかってこい！

敵が来るのを（③）いて待つ。

答え ①手が空 ②手が出ない ③手ぐすね引

覚えた言葉を確かめよう！
キャッチアップ！クイズ 24

□にはそれぞれ同じ漢字が入るよ。［　］から選ぼう。

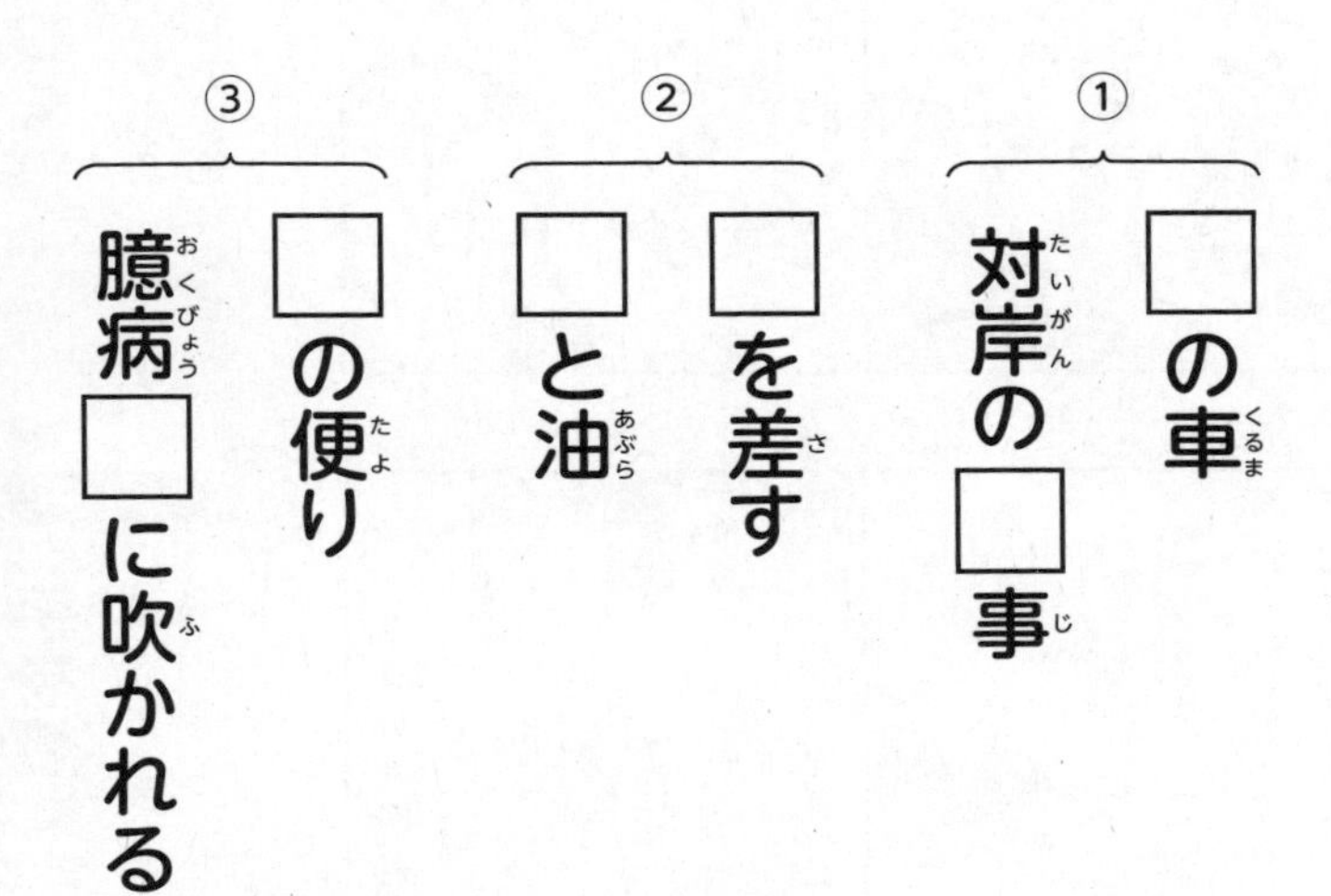

①
□の車
対岸の□事

②
□を差す
□と油

③
□の便り
臆病□に吹かれる

空	天	雷	水
草	風	火	土

➡答えは367ページにあります。

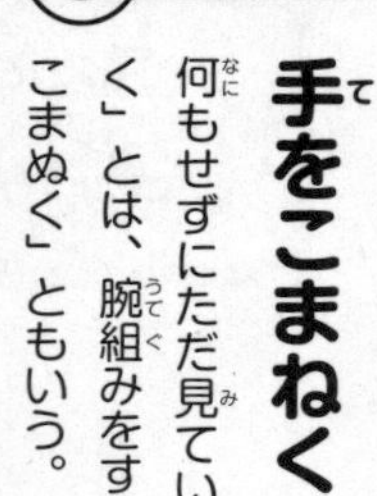

465 手をこまねく

何もせずにただ見ている。「こまねく」とは、腕組みをすること。「手をこまぬく」ともいう。

（ ① ）いて成り行きを見守った。

466 手を焼く

持て余す。あつかいに困る。

話を聞かない生徒たちに（ ② ）。

467 手取り足取り

細かいところまで丁寧に教えるさま。

基礎から丁寧に（ ③ ）お教えします。

答え ①手をこまね ②手を焼く ③手取り足取り

468

手に負えない

自分の力ではどうにもできない。処理できない。 類 手に余る

タイムマシンの開発なんて、私たちの（④）よ。

469

手に余る

自分の力では処理できない。どのように処置してよいかわからない。 類 手に負えない

ぼくには（⑤）仕事で、これ以上できそうにありません。

470

手も足も出ない

自分の力ではどうすることもできない。追いつめられて困りきる。

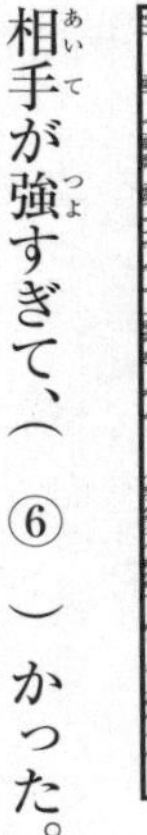

相手が強すぎて、（⑥）かった。

答え ④手に負えない ⑤手に余る ⑥手も足も出な

471

親の脛を噛る

経済的に自立して生活することができず、親に養ってもらう。

就職してだいぶ経つけど、クマ吉くんは一人暮らしをしているの?
自分は実家っす。
生活の世話はもちろん、おこづかいももらってるっす。
エー
あまえすぎ!!

（①）のはやめて、そろそろ自立してください。

472

足が付く

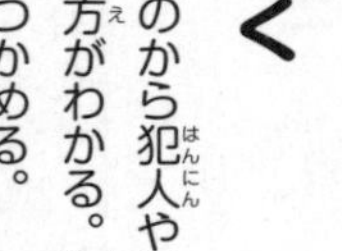

残されたものから犯人やにげた人の足取りや行方がわかる。犯罪を解明する糸口がつかめる。

八百屋
ニンジンの大量盗難か…。
ムムッ
このひづめの形は!
ニンジンだけぬすんだのがまちがいだったな!
犯人はウマ介、お前だ!!
しまった…。

ぬすんだものの特徴から犯人の（②）いた。

473

足が出る

予定していた以上にお金が足りなくなる。金銭的に損をする。かくしごとが明らかになる。

おこづかいをもらったから、ゲームを買おう♪
ゲームショップ
あと、おかしも買うんだ!
ヒャッホー!
ただいま…。
あれ?どうしたの。
どよ〜ん
ゲームが値上げしてて、おこづかいが全部なくなっちゃった…。おかしも、買えなかった…。

予算よりも（③）て、高い買い物になってしまった。

答え ①親の脛を噛る ②足が付 ③足が出

474

足が早い

食べ物などがくさったり、いたんだりするのが早い。日持ちがしない。

サバは（④）から、早く食べたほうがいいよ。

475

足が地に着かない

喜びや興奮で気持ちが落ち着かない。考え方や行動が現実に合わず、うわついている。

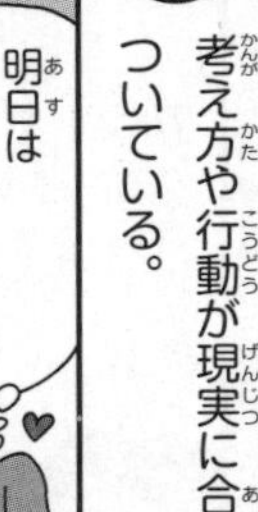

明日のデートを想像して、（⑤）。

476

足が棒になる

長い間歩いたり立ち続けたりして足がひどくつかれ、棒のように動かなくなる。

てっぺんめざしてがんばろう!
う…うん。
けっこう遠いな…。
ゾウくん、早く早く～。
スタスタ
もう歩けない。足がつかれてパンパンだよ～。

（⑥）って、もう歩けないよ。

答え　④足が早い　⑤足が地に着かない　⑥足が棒になる

477

痒い所に手が届く

細かい点にまで気がついて、世話が行き届く。

（ ① ）サービスで評判の旅館だ。

478

膝を突き合わせる

おたがいの膝がふれ合うほど近くに寄って話し合う。近寄って親しく話し合う。

次の満月の日におむかえが来て、月に帰らなければなりません。
エーッ
そっ、そんなことはさせない！ワシが何とかするからのう。
おじいさん…。

今後の対応について、（ ② ）て話し合った。

479

手を引く

今まで続いていた関係や仕事をやめる。関わり合いをなくす。

利益の出ない仕事なので、私どもは（ ③ ）かせてもらいます。

答え ①痒い所に手が届く ②膝を突き合わせ ③手を引

覚えた言葉を確かめよう！

キャッチアップ！クイズ 25

慣用句の意味に合う言葉を、ひらがなで□に入れよう。

	①	
	③	②
	④	

タテのカギ

① ○○で使う
いばった態度で人に指図して仕事をさせる。

② ○○○に取る
相手を思いのままにあやつる。

ヨコのカギ

③ ○○に回る
相手に先をこされて、受け身にならざるを得なくなる。

④ ○○が見える
困難な時期を乗りきって、先の見通しがつく。

➡答えは367ページにあります。

480

手を広げる

今やっていることの範囲を広げる。仕事などの規模を大きくする。

類 手を延ばす

語学力を生かして、輸入業にまで商売の（　①　）。

481

手を尽くす

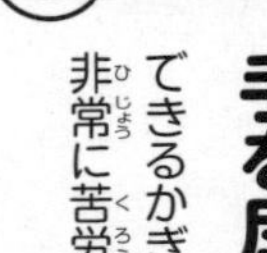

できるかぎりの手段や方法を試みる。非常に苦労する。

迷子になった子どものそうさくに（　②　）。

482

手を切る

今までの関係を断つ。えんを切る。

対 手を組む／手を握る／手を結ぶ

不良仲間と（　③　）って、これからは勉強に打ちこむんだ。

答え ①手を広げる ②手を尽くす ③手を切る

483

手を打つ

物事がうまくいくように必要なことをする。話し合いをまとめる。

こりゃ高すぎる。半値にならんか。
半値？ばか言っちゃいけねえ。
二割ならまけてやる。
う〜ん…
言っとくがこれ以上は下げないぜ。
仕方ねえ。その値段で買うよ。

値段の交渉をして、二割引きで（④）った。

484

手を抜く

やるべき手間や作業を省いて、いい加減な仕事をする。手抜きをする。

作業の（⑤）ことは許されません。

485

足を引っ張る

人の成功をじゃまする。物事の進行をさまたげる。

優勝をかけた対戦で、チームの（⑥）ってしまった。

答え　④手を打　⑤手を抜く　⑥足を引っ張

486

足を延ばす

予定の場所よりさらに遠くまで行く。

京都に行ったついでに、大阪まで（　①　）。

487

足を洗う

良くない仕事や行為をきっぱりとやめる。悪い世界をぬけて生活態度を改める。

不良グループから（　②　）。

488

足下を見る

人の弱みを見ぬいてつけこみ、自分の利益にしようとする。

客の（　③　）ような商売をしないでください。

答え　①足を延ばす　②足を洗う　③足下を見る

489

大手を振る

〈手を大きく振って、いばりながら歩く様子から〉周りに遠慮せず堂々とふるまう。注「大手」は「おおで」と読む。

テストが終わったので、（ ④ ）って遊びに出かけた。

490

二の足を踏む

しりごみする。ちゅうちょする。決断するのをためらう。

いまだかつてないチャレンジに（ ⑤ ）。

491

膝を打つ

急に思いついたり、感心したりしたときの動作のこと。「膝を叩く」ともいう。

アイデアがひらめいて、思わず（ ⑥ ）。

答え　④大手を振　⑤二の足を踏む　⑥膝を打つ

492

揚げ足を取る

相手の言いまちがいや言葉じりをとらえて、冷やかしたり皮肉を言ったりする。

いちいち言葉の（①）のはよくないよ。

493

踵を返す

引き返す。後もどりする。「踵」は、かかとのこと。

さようなら～
う～ん…
何かを忘れているような…。
くるっ
いけない！体操服を教室に忘れちゃった！

彼は、（②）して去っていった。

494

膝を交える

おたがいに近づいて親しく話し合う。打ち解けて話し合う。

リーダーたちの（③）会合が開かれた。

答え ①揚げ足を取る ②踵を返す ③膝を交える

覚えた言葉を確かめよう！
キャッチアップ！クイズ　26

「まあ、いっか。続きを読もう。」

次は、雨を降らせる魔法。アークが呪文を唱えると……ポツポツ。なんと、本当に雨が降ってきた！

「これは魔法の本だ！　本に書いてあることが実際に起きるんだ！　ひょうたんから駒だよ！　ありえない！　でも実際に起きている！」

まことは本を抱えて走りながら、そう思った。図書館の中で続きを読むと、今度は遠くにあるものをかばんの中から取り出す魔法だった。

「忘れ物をしたときに便利だなあ。」

続きが気になったが、図書館の閉館時間が来てしまい、まことは本をたなにもどした。


――と同じ意味の言葉を選ぼう。

① 棚から牡丹餅
② 嘘から出たまこと
③ 二階から目薬
④ 身から出た錆

➡答えは367ページにあります。

495
その手は食わない
そんなたくらみには引っかからない。そんな口車には乗らない。「その手に乗らない」ともいう。

同じやり方でだまそうとしても、もう（①）ぞ。

496
奥の手
いざというときのためにかくしておいた、取っておきのやり方や手段。
参「～を使う」などと使う。類 切り札／伝家の宝刀

ラスボスをたおすために（②）を使おう。

497
手を付ける
物事に取りかかる。やり始める。金品を着服する。横領する。

夏休みの宿題は、自由研究から（③）ことにしよう。

498
手玉に取る
相手を思いのままにあやつる。

人々の心を（④）ようなだまし文句だ。

499
下手に出る
自分を下にして相手を持ち上げるような態度をとる。注「下手」は「したて」と読む。

こっちが（⑤）ているからって、いい気にならないでください。

500
合いの手を入れる
相手の動作や話のわずかな間に、すばやく言葉や身ぶりをはさむ。

彼は、話す相手が気持ちよくなるような（⑥）。

答え ①その手は食わない ②奥の手 ③手を付ける ④手玉に取る ⑤下手に出 ⑥合いの手を入れる

501

後足で砂をかける

世話になった人に感謝するどころか、さらに迷惑をかけて去っていく。

対 立つ鳥跡を濁さず

世話になった人の悪口を言うのは、（⑦）ようなものだ。

502

掌を返す

わずかな時間で一変する。態度を急にがらりと変える。「手の裏を返す」ともいう。

絶交したら、（⑧）したように冷たくなった。

503

手を結ぶ

共通の目的のために協力して行動する。同盟を組む。類 手を組む／手を握る 対 手を切る

SDGsの目標実現に向けて、多くの国が（⑨）。

504

足を向けて寝られない

恩を受けた相手に対する深い感謝の気持ちを表す言葉。

あの人には（⑩）ほどの恩を受けた。

505

浮き足立つ

不安やきょうふで落ち着きがなくなる。びくびくして今にもにげ出しそうになる。注「喜びでそわそわする」という意味での使い方はまちがい。

大事なところでミスをしてしまい、みんなが（⑪）った。

506

足並みを揃える

多くの人の考え方や行動が一致して、一つにまとまる。

（⑫）た行動がクラスを勝利に導いた。

答え ⑦後足で砂をかける ⑧掌を返 ⑨手を結ぶ ⑩足を向けて寝られない ⑪浮き足立 ⑫足並みを揃え

507

腕に覚えがある

自分の能力や技術に自信がある。

子どものころからやっていたので、つりなら（　①　）。

508

腕が上がる

能力や技術が向上して、前より上手になる。 対 腕が落ちる

毎日の特訓で、スケートボードの（　②　）。

509

腕が鳴る

能力や技術を発揮しようと張り切る。

この大会でライバルたちにオレの実力を見せつけてやるぜ。
見よ！この走り!!
チー太

強者ぞろいの大会に（　③　）。

答え ①腕に覚えがある ②腕が上がる ③腕が鳴る

510 腕によりをかける

自信のある技術や能力、腕前を十分に発揮しようと、張り切って取り組む。

（④）て料理をふるまう。

511 腕を振るう

持っている能力や技術を十分に表す。

自慢の料理に（⑤）。

512 腕を磨く

能力や技術を向上させようと努力する。

日々努力して、さらに（⑥）。

精進…集中して努力すること。

答え　④腕によりをかけ　⑤腕を振るう　⑥腕を磨く

513

後ろ髪を引かれる

あとのことが気になったり未練が残ったりして、きっぱりと思いを断ち切ることができない。

やっぱり都会に出て、大学に進学するよ。
そうかい、がんばってくるんだよ。
ゲホゴホ
父さんの病気、大丈夫かな…。やっぱり帰ろうかな…。

（①）思いで故郷から旅立った。

514

首を傾げる

不思議に思ったり疑問に思ったりして、首を横に傾ける。 類 首を捻る

今日は、私がご飯を作るからね！待ってて!!
わーい、楽しみ～。
弟
姉
あっ、あれ？教わったとおりに作ったのに、いつもと味がちがう…。
おねーちゃんまだーー？

味に納得がいかないのか、何度も（②）ている。

515

首を長くする

あることがやってくるのを、今か今かと待ちこがれる。

もうすぐ、待ちに待ったクリスマスだね！
楽しみ～!!
数分後
お姉ちゃん、まだクリスマスじゃない？イブまでどれくらい？
もう少しよ。

サンタクロースが来るのを（③）して待っている。

答え ①後ろ髪を引かれる ②首を傾げ ③首を長く

覚えた言葉を確かめよう！
キャッチアップ！クイズ 27

□に入る言葉を、[ ]から選ぼう。

① 彼は「生」がつく食べ物に□。

② 盗賊たちは、□ほどの金銀財宝を見つけた。

③ リーダーの彼は、いつもぼくを□にする。

④ 病弱だったわが子が無事に成人し、□。

目の敵　目頭が熱くなる　裏目に出る
目が眩む　目が無い　目が高い

➡答えは367ページにあります。

516 頭が下がる

相手の行いに感心して、尊敬する気持ちになる。

王座を守り続けるチャンピオンの努力には（ ① ）。

517 頭を抱える

どうしたらいいかわからなくて、ひどく考えこむ。困り果てる。類 頭を痛める／頭を悩ます

問題を解くための公式が思い出せずに（ ② ）。

518 首が回らない

お金がなかったり、やりくりができなかったり、借金が重なったりして、やりくりができなくなる。

かけごとに負けて、（ ③ ）。

カジノ…お金をかけて遊ぶ場所。とばく場。

答え ①頭が下がる ②頭を抱える ③首が回らない

519

首を突っ込む

興味や感心のあることに、自分から関係をもったり、仲間に入ったりする。深入りする。

人の話にすぐ（　④　）。

520

頭を丸める

かみをそって坊主頭になる。また、出家する。参 謝罪の意味を表す場面で用いることがある。類 髪を下ろす

気持ちを切りかえるため、（　⑤　）て取り組もう。

521

頭を振る

頭を左右に振って、「ちがう」「いやだ」という意思を表す。類 頭を横に振る／首を横に振る

（　⑥　）って、意志を伝える。

答え ④首を突っ込む ⑤頭を丸め ⑥頭を振

522 頭を痛める

心配ごとなどであれこれとなやむ。

類 頭を抱える／頭を悩ます

そろそろお片づけしようね。

やだ！

どうすれば言うこと聞いてくれるの〜。

ぶ〜ん！

息子への対応の仕方に（　①　）。

523 へそを曲げる

機嫌を悪くして意地になる。ひねくれる。すねる。類 つむじを曲げる

いよいよ、来年から小学一年生だ！はい、ランドセルだよ。

お兄ちゃんだけずるいよ！なんでぼくにはないの？ぼくにも買ってよ。

うーん3年後かな…。

兄と同じことがしたいと、弟が（　②　）た。

524 肝を潰す

ひどくびっくりする。おどろく。

なんだか空がゴロゴロ鳴ってない？

本当だね。急に暗くなったし。

ピカッ

ドーン！

わーっ

突然のかみなりの音に（　③　）。

答え ①頭を痛める ②へそを曲げ ③肝を潰す

525 腑に落ちる

納得がいく。注「腑に落ちない」の形でも使う。

歌のコンクール
優勝者は…。
ドキドキ
どう考えても私がいちばんうまかったわ!
コマドリさんです!
キャー!!
ええ〜、納得できない!!

何度説明されても、この結果はまったく（④）ない。

526 肝が据わる

落ち着いていて、少しの物事ではおどろいたり、おそれたりしない。

類 腹が据わる

おばけやしき
やっぱり引き返そうよ。
せっかくだから行くよ。
うらめしや〜
ギャー
なんで、そんなに落ち着いているんだよ!?
えっ、こわくないし。

たよりなさそうに見えるが、彼は（⑤）っている。

527 骨を埋める

その場所で一生を終える。そのことに生涯をささげる。

トラ夫や、そのうち日本に帰ってくるんだろう?
ああ、その話なんだけど…
家族も増えたし、一生こっちで暮らすよ。
えっ! そうなの?

この国に（⑥）覚悟でいる。

答え ④腑に落ち ⑤肝が据わ ⑥骨を埋める

528

血が騒ぐ

興奮して気持ちが高ぶる。じっとしていられなくなる。

決戦前夜は（　①　）いでねむれなかった。

529

血相を変える

おこったりおどろいたりして、顔色や表情を変える。

弟がけがをしたと聞いて、母は（　②　）た。

530

骨の髄まで

体の最も中心まで。完全に。徹底して。

芸を身につけることの難しさを（　③　）思い知らされた。

答え　①血が騒　②血相を変え　③骨の髄まで

覚えた言葉を確かめよう！

キャッチアップ！クイズ 28

慣用句の意味に合うように、文字を正しく入れかえよう。

① 物事に取りかかる。

付るを手け

↓

② 何から何まで細かく、徹底的に。

葉根掘掘りり

↓

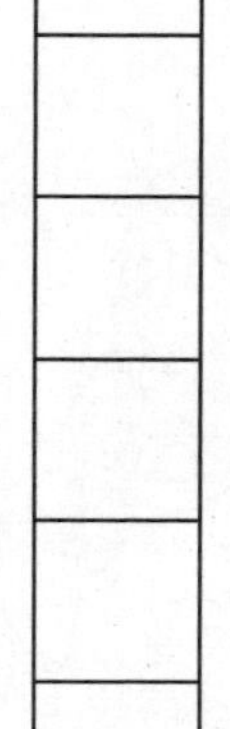

③ 興奮したり、おこったりして目つきが変わる。

色の目るを変え

↓

➡ 答えは367ページにあります。

531

肝に銘じる

心に深くきざんで、忘れないように覚えておく。 類 心に刻む／胸に刻む

二度と失敗をしないように（①）。

532

胸を借りる

自分よりも力が上の人に、練習の相手になってもらう。 対 胸を貸す

先輩の（②）て、けいこを重ねる。

533

胸を張る

胸を大きく広げて、堂々とした態度を示す。 類 胸を反らす

どんなにつらいことがあっても、（③）ってやっていこう。

答え ①肝に銘じる ②胸を借り ③胸を張

534

苦肉の策

追いつめられた状況を乗り切るためのなやみぬいた方法。苦しまぎれの手段。

盗塁…野球で出塁した走者がすきをねらって、次の塁に進むこと。

（④）だが、足が速いから何とかなるかもしれない。

535

骨を折る

目的を達成するために努力や苦労をする。

親友を助けるために（⑤）った。

536

尻を上げる

座っていた人が何かをするために立ち上がる。たずねた先から帰ろうとする。「腰を上げる」ともいう。

お客さんが、重い（⑥）てくれたぞ。

答え　④苦肉の策　⑤骨を折　⑥尻を上げ

537

尻を叩く

早くするように人を急かす。やる気が出るようにはげます。

母に（　①　）かれて、しぶしぶ勉強を始めた。

538

度肝を抜く

ひどくおどろかせる。びっくりさせる。

パパ、ママ、これかいたよ。
あらまぁ
どれ、見せてごらん。

子どもの絵がうますぎて、大人たちの（　②　）いた。

539

背を向ける

無関心で相手にしない。知らん顔をする。人の教えに背く。類 そっぽを向く／横を向く

昨日はいたずらしてゴメンな。
謝ってもだめ！
ぼくし～らない
もうブタ介くんとは話したくない！
ゆるしてよ～

けんかに巻きこまれないよう、こっそり（　③　）た。

答え ①尻を叩 ②度肝を抜 ③背を向け

540 肌で感じる

身をもって体験する。

オーケストラの生演奏を（④）。

541 胸がすく

気持ちがさっぱりする。気分がすっきりする。

おいしいリンゴをめし上がれ！

ありがとう。いただくわ！

世界で一番美しいのはあなたです。

ホホホ

私が世界一美しい…。白雪姫がいなくなってせいせいしたわ！

長年の宿敵をたおして、（⑤）思いだ。

542 胸が高鳴る

希望や期待で胸がどきどきする。興奮する。

類 胸が踊る／心が弾む

舞台の本番を前に（⑥）。

答え ④肌で感じる　⑤胸がすく　⑥胸が高鳴る

543

胸が痛む

悲しみや心配で心に苦しさを感じる。心配してなやむ。「胸を痛める」なども使う。類 心が痛む

えーっ!
向こうの山で火事があったらしいよ!
山に住んでいる友達、ちゃんとにげられたかなあ。
心配だよね。何かできることがあればいいけど…。

山火事の被災者のことを思うと、（ ① ）。

544

胸が熱くなる

感動がこみ上げる。

ストライク! バッターアウト!
ゲームセット!!
パーン
ワーーーッ
やった! 優勝だ!!
ジ～ン
みんな、よくやったな…。

優勝を喜ぶ選手たちの姿に（ ② ）。

545

胸が躍る

うれしさや期待、楽しさなどでわくわくする。類 心が弾む／胸が高鳴る

明日はいよいよ遊園地に行く日だ! 楽しみだな♪
まずはジェットコースターに乗って♪
ポップコーンも買わなくちゃ!
ワクワク
メリーゴーランドでしょ♪
わくわくしてねられない!!

明日のことを考えると、楽しみで（ ③ ）。

答え ①胸が痛む ②胸が熱くなる ③胸が躍る

覚えた言葉を確かめよう！

キャッチアップ！クイズ 29

□にはそれぞれ同じ漢字が入るよ。［　］から選ぼう。

①
草□も眠る
□で鼻を括る

②
道□を食う
□の根を分けて捜す

③
□を持たせる
高嶺の□
話に□が咲く

里	土	山	森
竹	木	草	花

➡答えは367ページにあります。

546 胸を撫で下ろす

心配ごとや不安がなくなって、ひと安心する。ほっとする。類 気が軽くなる

無事救助したという知らせに（　①　）。

547 胸を打つ

強く感動させられる。心が動かされる。類 心を打つ

今日の彼女は、ひときわ（　②　）歌声をひびかせた。

548 本腰を入れる

今までのいい加減な態度を改め、物事に本気になって取り組む。類 腰を据える

そろそろ、（　③　）て取りかかろう。

答え ①胸を撫で下ろす ②胸を打つ ③本腰を入れ

549 胸が膨らむ

喜びや期待で心がいっぱいになる。「胸を膨らませる」の形でも使う。

プレゼントへの期待に（　④　）。

550 胸が一杯になる

喜びや悲しみなどで心が満たされる。

大好きなアーティストの演奏を聞いて（　⑤　）。

551 肩の荷が下りる

責任や負担がなくなって、ほっとする。 類 肩が軽くなる

プレッシャーから解放されて、（　⑥　）。

答え　④胸が膨らむ　⑤胸が一杯になる　⑥肩の荷が下りる

552

肩をすくめる

両肩を寄せるように縮めて、落胆や不満、意外な気持ちを表す。

ノーマークだ！シュート行け!!

決まれば勝ちだぞ！

ガン

よっしゃ!!

ラッキー♪

あっ…。

ハ～…

うまくいかなくて（①）。

553

肩を落とす

がっかりして気力をなくす。

みなさん！ぜひ私、チュー太に清き一票をお願いします!!

生徒会長 立候補者 演説

生徒会長に当選したのはトラ夫くんです！

やったー！

ガックリ

そ…、そんな～。

選挙に落選して、がっくりと（②）。

554

肩を並べる

横に並んで立ったり歩いたりする。競争相手と同じくらいの力をもつ。地位が対等になる。

コン太くん、きみ、最近模試の順位が落ちているね。

フフ…

ぐぐっ、今に見てろ…。

テスト順位
1位 サル介 498点
〃 コン太 498点
3位 チュー吉 495点

コン太、すごい！サル介と同率1位だぞ!!

くそっ、まぐれに決まっている…。

見た？

フン

彼は、ぼくと（③）て競い合うライバルの一人だ。

答え ①肩をすくめる ②肩を落とす ③肩を並べ

555 肩透かしを食う

意気ごんで向かっていったのに、相手にうまくかわされる。参「肩透かしを食わせる」の形でも使う。

ピンポーン♪
今日こそウサ美ちゃんをデートにさそうぞ！
ドキドキ
あら、ウサ美ちゃんの家は旅行中よ～。
えっ、そうなの～。
ショボ～ン

リサーチ不足で（④）。

556 肩を持つ

賛同や弁護をして味方する。ひいきする。類 肩を入れる

ぼくが先にこのゲームで遊ぶんだ！
やだ!! ぼくが先！
お兄ちゃんなんだから、やらせてあげなさい！
弟の味方ばっかりしないでよ!!
えーっ!!
わーい♫

兄弟げんかをすると、母は決まって弟の（⑤）。

557 肩を入れる

力を入れて特定の人を応援する。特別にひいきする。参「肩入れする」の形でも使う。類 肩を持つ

社長が（⑥）て育てている、未来のスター候補だ。

答え ④肩透かしを食う ⑤肩を持つ ⑥肩を入れ

558

腰を抜かす

ひどくおどろいて、足腰が立たなくなる。

突然ヘビが現れて、（　①　）した。

559

腰が砕ける

腰の力がぬけて姿勢がくずれる。物事をやろうとする気持ちが弱くなり、勢いが続かなくなる。

たった一週間で（　②　）て、早起きに挫折した。

560

腰が強い

ねばり気や弾力が強い。気が強くて、簡単には人に負けない。**対** 腰がない／腰が弱い　**類** 腰がある

どんなことにもくじけない、（　③　）リーダーだ。

答え ①腰を抜かす ②腰が砕け ③腰が強い

覚えた言葉を確かめよう！
キャッチアップ！クイズ 30

慣用句の意味に合うように、線で結ぼう。

①腹を探る・
②腹を決める・
③腹に据えかねる・
④腹を割る・

・ア　覚悟する。
・イ　本心や考えをそれとなく知ろうとする。
・ウ　思っていることを打ち明ける。
・エ　どうにも我慢できない。

➡答えは367ページにあります。

561

腰が低い

他人に対していばっていない。へりくだっている。 **類** 頭が低い **対** 頭が高い

店長は、だれに対してもていねいで（　①　）。

562

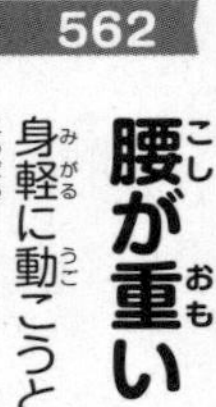

腰が重い

身軽に動こうとしない。てきぱきと行動しない。その気になかなかならない。 **類** 尻が重い **対** 腰が軽い

草むしりをしようとすると、とたんに（　②　）くなる。

563

腰を据える

ある場所に落ち着く。落ち着いて物事を行う。 **類** 腰を落ち着ける

引っ越し先に（　③　）。

答え ①腰が低い ②腰が重 ③腰を据える

564

腰を折る

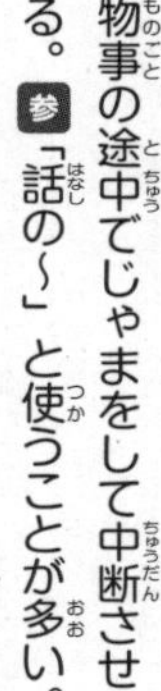

物事の途中でじゃまをして中断させる。参「話の～」と使うことが多い。

話の（④）らないでください。

565

腰が引ける

こわかったり自信がなかったりして、消極的な様子になる。注「腰を引く」とは使わない。

強そうな相手を見て（⑤）。

566

腹が立つ

しゃくにさわる。おこる。類 腹に据えかねる／腹の虫が治まらない

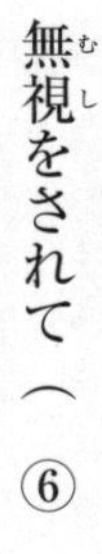

無視をされて（⑥）。

答え　④腰を折　⑤腰が引ける　⑥腹が立つ

567

腹に据えかねる

どうにも我慢できない。いかりをおさえることができない。類 腹が立つ／腹の虫が治まらない

遅刻をして、いつも許されると思っている態度が（　①　）。

568

尻をまくる

急に態度を変えて、けんかごしになる。居直る。「尻」は「けつ」とも読む。

あなたが態度を改めないなら、こちらも（　②　）しかない。

569

腹を決める

覚悟する。決心する。「腹が決まる」ともいう。類 腹を括る／腹を据える

やるしかないと（　③　）。

答え ①腹に据えかねる　②尻をまくる　③腹を決める

570 腹が据わる

落ち着いていて、少しのことではおどろかない。覚悟ができていて動じない。類 肝が据わる

（④）っていて、何事にも動じない。

571 腹を探る

本心や考えをそれとなく知ろうとする。参「痛くもない腹を探られる」は、公明なのに疑われるという意味。

敵の（⑤）ための調査を行う。

572 腹を割る

思っていることを打ち明ける。思っていることをかくさずに言う。

けんかした相手と、（⑥）って話す。

八方美人…だれにでも調子よくふるまう人。

答え ④腹が据わ ⑤腹を探る ⑥腹を割

573

一筋縄ではいかない

ふつうのやり方では思いどおりにすることができない。

パパ、おこづかい上げてよ。
ダメダメ、上手にやりくりしなさい。
キリッ
話す前に作戦を立てないと! パパはがんこなんだよ。
うちが一緒に考えてあげるよ!
おねえちゃん…。

がんこな父の説得は（ ① ）。

574

一刻を争う

事態が差しせまっていて、わずかな時間もむだにできない。少しの余裕もない。

しまった! ねぼうした〜。
ガバッ
8:00
エーッ! いつもの道、通行止め!!
通行止め
今日にかぎって!!
うわ〜ん!
ちこくする〜!!

目覚まし時計をかけ忘れたせいで、（ ② ）事態となった。

575

三拍子揃う

必要な条件がすべて揃っている。「三拍子」とは、笛や太鼓などの三種の楽器で拍子をとること。

カキーン
攻
打った!
ホームラン!
すごっ!
走
守
はっ、速い!
全部できる!!

彼は「走・攻・守」の（ ③ ）ったすばらしい野球選手だ。

答え ①一筋縄ではいかない ②一刻を争う ③三拍子揃

覚えた言葉を確かめよう！
キャッチアップ！クイズ 31

まだ雨が降っていたので走って家に帰り、かばんを開ける。なんとそこには、たなにもどしたはずの本が入っていた。

「やっぱり、これは魔法の本なんだ！」

まことはわくわくして本を開いた。すると、次は好きな食べ物を出す魔法。母親から「ご飯だよ。」と呼ばれた。いいところだったのに！　しぶしぶ1階に下りていき食卓を見ると、今日のおかずはまことのいちばんの大好物のぎょうざだった。

「やった！　ラッキー！」

まことはこの本にすっかり□をうばわれた。次は何が起きるのか、楽しみで仕方がない。

□に合うものを選ぼう。

① 体
② 心
③ 音
④ 手

➡答えは367ページにあります。

576

首の皮一枚

ぎりぎりのところで、どうにかもちこたえているさま。参「～でつながる」と使うことが多い。

この先いったいどうなるのか…。今は（　①　）でつながっている。

577

大台に乗る

金額や数量が大きな区切りに達する。

対 大台を割る

本の発行部数が100万部の（　②　）。

578

枚挙に暇がない

数が多すぎて、いちいち数えきれない。

雨つぶの数をかぞえろと言われても、（　③　）ので無理です。

答え ①首の皮一枚　②大台に乗る　③枚挙に暇がない

579

口も八丁 手も八丁

話すこともすることも人一倍達者であること。参 言動や行動が信頼できない場合に使うこともある。

彼女は（④）で、相手を丸めこむのが得意だ。

580

一旗揚げる

新しく事業を始める。強い意気ごみで新しい事業や仕事にいどむ。

いつまでも、ここにいちゃダメだ！何かもっと新しいことをするんだ!!

空飛ぶドーナツ屋本日開店でーす！

1つくださーい!!

新天地…新しい活躍の場。

（⑤）ようと、新天地で事業を始める。

581

一石を投じる

世間の反響を引き起こすような問題や、意見を投げかける。

これからは生徒が主体の時代！ぼくは制服以外に、私服もありにしようと思います。

生徒会長 ブタ田ブヒオ

エーッ！

マジで!!

えっ、制服と私服がまざっていたら変じゃな～い？

でも私服のほうが楽でいいよ！

生徒会長は校則に（⑥）た。

答え ④口も八丁 手も八丁　⑤一旗揚げ　⑥一石を投じ

582

一杯食わす

相手をたくみにだます。参 だまされた場合に「一杯食わされる」と使う。

フッフッフ
有名なピカゾウの絵を買いませんか?
いまならお安くしますよ
エーッ
あのピカゾウ!
これは…。にせものですね!
うそー!!

しめしめ、うまくだまして(①)せたぞ。

583

一肌脱ぐ

相手のために意気ごんで援助する。

ヤギ本教授の母校の井戸がくずれてしまったそうです。
かわいそうに…ハァ~
でも…修繕する資金が足りないらしく…。
ピク
なんということだ…。
では私が出そう!!
まぁ!!
あの井戸は私が子どものときからあるからね。

母校のためとあらば、私が(②)ぎましょう。

584

一筆入れる

のちの証拠になるように、そのことを書き記す。「一筆」は「ひとふで」とも読む。

入団の契約書に(③)てサインをする。

答え ①一杯食わ ②一肌脱 ③一筆入れ

585 一泡吹かせる

予想外のことをして、おどろきあわてさせる。

いたずらされた仕返しに（　④　）てやるぞ。

586 一目置く

相手が自分よりすぐれていることを認めて、敬意をはらう。参「一目置かれる」の形でも使う。

彼は、すべてを予言する占い師として（　⑤　）かれている。

587 十把一絡げ

いろいろな種類のものを区別しないで、ひとまとめにしてあつかうこと。また、数は多くても値打ちはないこと。

同じ世代だからといって、（　⑥　）にしないでほしい。

答え　④一泡吹かせ　⑤一目置　⑥十把一絡げ

588

二枚舌を使う

その場に応じて、自分に都合のよいようにうそをつく。矛盾したことを言う。

このお花、ウサ子ちゃんのためにつんできたんだ。
ありがとう。
キュン
さっ
これはクマ美にあげたくてつんだお花なんだ。
アイツ〜。
えーっ
まあステキ♡

（①）のは、女の子に気に入られたいからなんだ。

589

苦虫を噛み潰したよう

ひどく不愉快な表情。ひどく苦々しい顔つき。

（②）な顔をしたのは、大事なくつがよごれたからだ。

590

鵜呑みにする

〈鵜が魚をかまないでのみこむことから〉よく考えずに、人が言ったことをそのまま受け入れる。

まちがった話を聞かされて、（③）してしまった。

答え ①二枚舌を使う ②苦虫を噛み潰したよう ③鵜呑みに

覚えた言葉を確かめよう！
キャッチアップ！クイズ 32

正しい慣用句になるように線で結ぼう。

① 肩を ・　　・ 上げる

② 腰を ・　　・ すくめる

③ 歯を ・　　・ 盗む

④ 目を ・　　・ 食いしばる

➡ 答えは 367 ページにあります。

591

雀の涙

非常に少ないこと。「～ほどの○○」と使うことが多い。参

よく働いてくれたのだが、
ボーナスが少しでゴメン。
これだけ？雀の涙だな…。
オレ50円…
何でだよ！
社長、高そうな時計をしてるぞ！
バサササ
にげよ!!

一生懸命働いたのに、（①）ほどの給料しかもらえなかった。

592

猫の手も借りたい

非常にいそがしくて、だれでもいいから人手がほしいと望むさま。

はあ…。なんで年末ってこんなにいそがしいの？
だれか手伝ってくれないかな～
ピンポーン
バタバタ
ウサ美ちゃん、ヒマだから遊びに来たよ。
あっ、ネコ太！ちょうどいいところに…。
キラーン

年末は（②）ほどいそがしい。

593

猫も杓子も

だれも彼もみんな。「杓子」はしゃもじやお玉などの道具のこと。

夏休みには、（③）海水浴に行きたがる。

答え ①雀の涙 ②猫の手も借りたい ③猫も杓子も

594 虫の居所が悪い

機嫌が悪く、ちょっとしたことにすぐおこる。

ブタ子ちゃん、今は機嫌が悪いみたい。

大丈夫、いつものブタ子ちゃんだよ。

おーい!!

キッ

なに？　そんな大声出さなくても聞こえてるけど？

ご…ごめんね。

だから言ったのに。

いやなことがあって、（④）。

595 虫の知らせ

何の根拠もないのに、よくないことが起こりそうな予感がする。

……。

なんだか出かけないほうがいい気がする…。

ピタ

近くの駅で火事があったみたいだけど大丈夫？

いやな予感がして出かけるのをやめたところだったの。

ホッ…

（⑤）か、いやな予感がして外出をとりやめた。

596 腹の虫が治まらない

ひどく腹が立って、どうにも我慢できない。 類 腹が立つ／腹に据えかねる

アハハ

ご飯まだ？

ガー

カッチーン

はあ!?　たまには自分で用意してよ！

ビク

家事にお休みはないんだから、買い物でも行ってきて!!

ベチーン

わかりました…。

eco Bag

いらいらして、どうにも（⑥）。

答え ④虫の居所が悪い　⑤虫の知らせ　⑥腹の虫が治まらない

597 猫の額

土地や庭などの面積がとてもせまいこと。

すごい!! 立派な庭だね。
まあ、手入れが大変だけどね。
ドーン
わが家の庭もなかなかだな。
ちまっ

（①）ほどの庭ですが、季節の花がさきますよ。

598 とどのつまり

いろいろやってみて、考えに考えた結果。結局のところ。よくない結果に使うことが多い。

参 とどのつまり

時間をかけて考えたが、（②）無難な組み合わせに決まった。

599 化けの皮が剥がれる

かくしていた素性や正体が現れる。

類 馬脚を露す／尻尾を出す／ぼろが出る

どっちが本物のクマ吉で、タヌ太郎はどっちでしょうか？
う〜ん
そのしっぽ、タヌ太郎くんでしょう！
ドロン
大正解!!
パチパチ

にせものの（③）時が来た。

答え ①猫の額 ②とどのつまり ③化けの皮が剥がれる

600 閑古鳥が鳴く

その場所に人気がなく、ひっそりとしてさびしい。商売が流行らない。「閑古鳥」とは、かっこうのこと。

人口が減り、商店街は（　④　）いている。

601 狐につままれる

どうしてそうなったのか、事情がわからず呆然とする。

いつの間にか元にもどるなんて、（　⑤　）たような気分だ。

602 猫を被る

本性をかくして、おとなしそうに見せかける。表面的にはおだやかにふるまう。

先生の前で（　⑥　）。

答え　④閑古鳥が鳴　⑤狐につままれ　⑥猫を被る

603

馬脚を露す

かくしていた本性や悪事がばれる。

類 化けの皮が剥がれる／尻尾を出す／ぼろが出る

この前のテストも、いい点だったと聞いて喜んでいたんですよ。
ギックゥ
この前のテスト…? 確か追試だったはずですが…。
なんですって! あなた、ウソついてたの!?
先生のせいでバレた…。
ダッ
私のせいですか!?

ついに（ ① ）しましたね。もうだまされませんよ。

604

飛ぶ鳥を落とす勢い

権力や勢力が圧倒的に強く、勢いに満ちているさま。

彼は（ ② ）で出世している。

605

尾を引く

物事が終わっても影響があとまで残る。

類 後を引く

私が投げるんだから、手を放してよ!
そっちこそ手をはなしなさいよ!
オロオロ
ぐぐっ…
フン!
昨日のケンカをまだ引きずっているのか…。

昨日のけんかが（ ③ ）。

答え ①馬脚を露す ②飛ぶ鳥を落とす勢い ③尾を引く

覚えた言葉を確かめよう！

キャッチアップ！クイズ 33

□にはそれぞれ同じ漢字が入るよ。［　］から選ぼう。

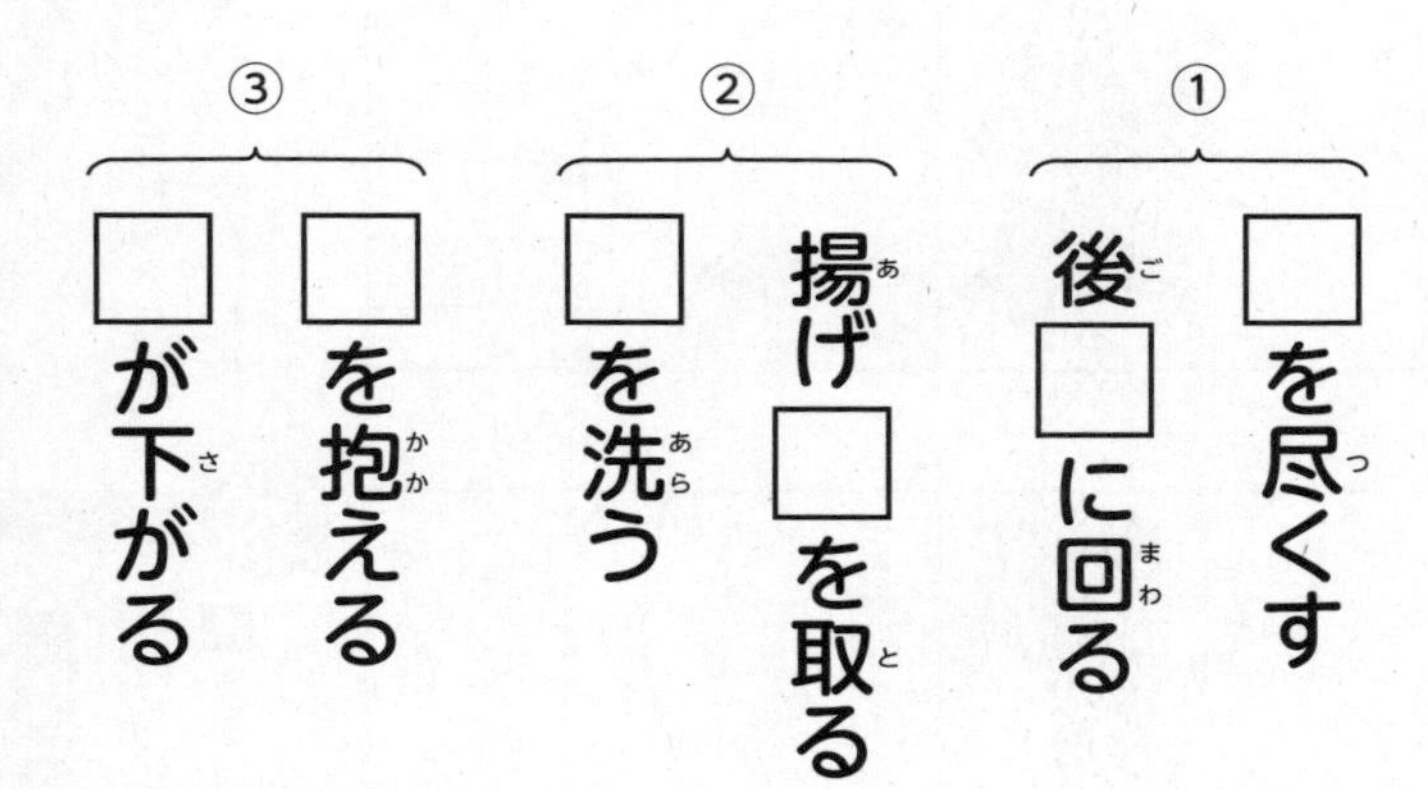

①
□を尽くす
後□に回る

②
揚げ□を取る
□を洗う

③
□を抱える
□が下がる

膝	首	肩	胸
手	頭	足	腹

➡答えは367ページにあります。

606 犬も食わない

まったくつまらない。だれからも相手にされない。とてもいやがられる。

夫婦げんかは（ ① ）。

607 馬が合う

気持ちがぴったり合う。調子が合う。

類 気が合う

彼とは性格が似ていて（ ② ）。

608 虫がいい

自分の都合だけを考え、身勝手である。ずうずうしい。

注 「虫が悪い」とは使わない。

そんな（ ③ ）条件は受け入れません。

答え ①犬も食わない ②馬が合う ③虫がいい

609

張り子の虎

見かけは強そうでも実際は弱い人。弱いのに強がる人。うなずくだけで主体性のない人。

彼は実は（④）だから、こわがる必要はないよ。

610

おうむ返し

相手の言った言葉をそっくりそのまま言い返すこと。

おはよう。
おはよう。
今日はいい天気だね。
今日はいい天気だね。
うーん、このおしゃべりロボ、言ったことをくり返すだけだなあ。

このロボットは、（⑤）の受け答えしかできない。

611

ほらを吹く

物事を大げさに言う。でたらめを言う。「ほら」はホラ貝のこと。 類 大きな口を利く／大言壮語

オオカミだ！オオカミが来たぞ!!
何だって!?
何だ、またあいつのうそか。
オオカミが来たぞ!!

彼は、もっともらしく（⑥）。

答え　④張り子の虎　⑤おうむ返し　⑥ほらを吹く

612 羽を伸ばす

うるさい人や厳しい人から解放されて、のびのびと思うままに過ごす。勢力をふるうようになる。

じゃあ出かけるけど、ちゃんと勉強しておくのよ。
もちろんさ！
よ〜し、好きなこと、ぜーんぶやっちゃうぞ！

母が出かけたので、思う存分、（ ① ）ぞ。

613 羽目を外す

調子に乗って度をこす。

修学旅行の夜は、（ ② ）して大さわぎした。

614 犬の遠吠え

おくびょうな人が、かげで文句や悪口を言って強がること。

今日のじゃんけんもオレの勝ち！プリン、もらうな。
あ、うん…。
クマ次郎のやつ、あれ絶対後出しだぜ！ズルにちがいない。
それ、面と向かって言えばいいのに。

相手がいないときに文句を言うのは、（ ③ ）に過ぎない。

答え ①羽を伸ばす ②羽目を外す ③犬の遠吠え

615

尻尾を出す

かくしていた本性や秘密がばれる。

類 馬脚を露す／化けの皮が剥がれる／ぼろが出る

こんなところに黒い羽が…。
この羽は…。
カラス田くん、ちょっと署まで来てもらおうか。
な…なぜ私が犯人だと…。

ついに犯人が（④）した。

616

尻尾をつかむ

ごまかしたり、かくしたりしている証拠をつかむ。本性や弱みを見ぬく。

ついに犯人の（⑤）んだ。

617

鶴の一声

議論がまとまらないときに権力のある人が、物事が決まってしまうようなひと言を言うこと。

意見が分かれたが、社長の（⑥）で方針が決まった。

答え ④尻尾を出 ⑤尻尾をつか ⑥鶴の一声

言葉の種類 ～ことわざ・慣用句・故事成語・四字熟語～

日本語の表現の仕方に注目してみよう。
どんなちがいがあるかな？

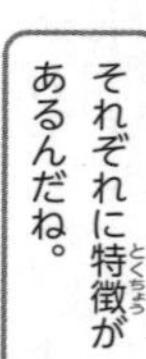

ことわざ

昔から伝わる人々の知恵や教えを、短い言葉で表したもの。外国から来た言葉もあり、中国の古典や仏教の教えの影響を受けたものが多い。

例 **犬も歩けば棒に当たる**

何かをしようとすれば、何かの災難にあうことも多いということ。また、出歩けば、思いがけない幸運にぶつかるということの二つの意味をもつ。「江戸いろはかるた」の「い」の札。

初心忘るべからず

物事を始めたころの気持ちや目的を忘れてはならないということ。能役者・世阿弥の『花鏡』からの言葉。

ローマは一日にして成らず

偉大なローマ帝国は長い年月をかけて大きな国となったことから、大事業は長い年月と大きな努力によって成しとげられるということ。もともとは英語のことわざ。

慣用句

二つ以上の言葉を組み合わせて、ある特定の意味を表す決まり文句。言葉と言葉が結びつくことで、その言葉以外の意味を表すもの。

例 **顔から火が出る**

顔が真っ赤になって、とても恥ずかしい思いをする。実際に顔から火が出るわけではない。

水の泡

努力や苦労がすべてむだになること。泡をはかないものとして連想した言葉。

一旗揚げる

強い意気ごみで新しい仕事や事業にいどむこと。武士が手柄を立てようと、家紋のついた旗を揚げて戦場に向かったことからできた言葉。

故事成語

昔から伝わる出来事や物語に基づいてできた言葉。中国から伝わった話が元になっていることが多いが、仏教やキリスト教に由来するものなど世界中にある。

例 **矛盾**

きちんと筋道が通らないこと。中国・諸子百家の中の思想家・韓非子の言葉の一つ。

元の木阿弥

いったんよくなった状態のものが前の状態にもどること。戦国武将・筒井順慶にまつわる言葉。

四字熟語

漢字四字を組み合わせた熟語。故事成語であるものも多い。ほかに三字熟語や二字熟語もある。

例 **馬耳東風**

人に何を言われても、まるで気に留めずに聞き流すこと。

四面楚歌

周りに敵や反対者ばかりで味方がなく、孤立すること。中国の武将・項羽にまつわる言葉で、故事成語でもある。

こんな熟語も故事成語だよ。
[三字熟語] 内弁慶　大御所　下剋上
[二字熟語] 旗色　茶番　王手

ことわざ、慣用句は故事成語でもある!?

ことわざや慣用句には、故事成語である言葉もあるよ。由来が諸説あるなどの理由で、分け方がはっきりしていない場合も多いんだ。

例 **豚に真珠**

貴重なものを、その価値を理解しない者にあたえること。キリスト教の『新約聖書』からの言葉。

一を聞いて十を知る

物事の一部を聞いただけで、その全体を理解すること。『論語』という中国の書物からの言葉。

針の筵

苦しい状況やつらい境遇に置かれていること。「筵」はしきものことで「針の筵に座る」とも使う。中国の『晋書』という書物からの言葉。

飴と鞭

ほめてあまやかしたり、厳しく接したりを使い分けること。ドイツのビスマルクの政策からきた言葉。

618

辻褄が合う

〈着物の「辻」と「褄」を合わせて着ることから〉筋道や理屈がきちんと通っている。話に矛盾がない。

信号無視をしましたね？
私が見たときはまだ青でしたよ。
ほかの車は止まっていましたよ。
きっとひまなんでしょうね。私は黄色なら先に行きますよ。
さっきは青だったと言っていましたよね。

だんだん話の（①）わなくなってきていますよ。

619

二足の草鞋を履く

同じ人が表向きの仕事とは別に、それとは両立できないようなほかの種類の仕事もする。

おくれてゴメン!!
お待たせ！
最近、いそがしそうだね。
実は、会社につとめながら、劇団で役者もやっているんだ。
えーっ!!
知らなかった!!

（②）ような生活は、さぞいそがしいだろうね。

620

濡れ衣を着せられる

身に覚えのない罪をなすりつけられる。根拠のない悪いうわさをされる。

花びんを割ったのはあなたたちですね？
なぜすぐに報告しなかったの？
…ぼくはすぐ言ったほうがいいって言ったんですけど…。
「オレが落としたの、絶対ひみつだからな！」って言われて、それで言えなくて…。
そっ、そんな！オレが落としたんじゃありませんよ!!
まぁ!!

思ってもみないところで、犯人の（③）た。

答え ①辻褄が合 ②二足の草鞋を履く ③濡れ衣を着せられ

621

下駄を預ける

その物事に関することを相手にすべて任せる。

食事の献立については、母に（④）ている。

622

下駄を履かせる

価値、価格、能力などを実際よりも高く見せる。数量などを実際よりも多く見せる。

点数に（⑤）てはいけません。

623

歯に衣着せぬ

思ったままを遠慮せずにずけずけと言う。**注**「衣」は「きぬ」と読む。

対 奥歯に物が挟まったよう

彼は（⑥）物言いをする。

答え　④下駄を預け　⑤下駄を履かせ　⑥歯に衣着せぬ

624

お眼鏡にかなう

目上の人や実力者に認められる。

類 お目にかなう

先生の（①）演奏ができた。

625

元の鞘に収まる

仲たがいをしていた者たちが、再び元通りの関係にもどる。「鞘」は刀などの刃を収める筒。

話し合いの末、（②）った。

626

筆が立つ

文章を作るのがうまい。

君は（③）から、作家にだってなれると思うよ。

答え ①お眼鏡にかなう ②元の鞘に収ま ③筆が立つ

627

針の筵

苦しい状況やつらい境遇に置かれていること。「筵」はしき物のこと。

いったん退散!!
まて コラー!!
ドドド
ヒィ〜
作戦が悪いんだよ!
装備が弱すぎ!!
もっと下調べして!!

ミスを責められ、（④）に座らされた気持ちになった。

628

目を皿にする

ものをよく見ようと、目を大きく見開く。

じーっ
!?
さっきから何を見てるの!?
じーっ
動かないで! そのかわいいリボンをよく見させて!!

人の顔は、（⑤）してまで見るものではないよ。

629

エンジンがかかる

本調子になる。物事に取りかかろうという気になる。

おなか空いたし、宿題をやる気が出ないな〜。
ハァ〜
おやつよ〜。
おやつを食べたらやる気が出てきたぞ!
カリカリ

ぼくは、（⑥）までに時間がかかるんだ。

答え　④針の筵　⑤目を皿に　⑥エンジンがかかる

630

身も蓋もない

あまりにも直接的で、何のふくみも思いやりもない。

そんな（ ① ）ことを言わずに、もっとなぐさめてほしいな。

631

棒に振る

それまでの努力をむだにする。チャンスを失う。 類 水の泡 対 実を結ぶ

遅刻をして、発表のチャンスを（ ② ）ってしまった。

632

両刃の剣

相手だけでなく自分にも打撃がおよぶこと。役には立つが危険がともなうこと。「両刃」は両方が刃の剣。

強力な武器は、（ ③ ）であることが多い。

答え ①身も蓋もない ②棒に振 ③両刃の剣

覚えた言葉を確かめよう！

キャッチアップ！クイズ 34

次の◯には、体の部分が入るよ。下から選んで線で結ぼう。

① ◯を巻く
言葉が出ないほど、とても感心したり、おどろいたりする。

② ◯が広い
つき合いの範囲が広く、知り合いがたくさんいる。

③ ◯火を切る
最初に物事を行う。

④ ◯が高い
ほこらしく得意である。

鼻　口　舌　顔

➡答えは367ページにあります。

633 飴と鞭

ほめてあまやかしたり、厳しく接したりを使い分けること。**参** 支配や指導の方法の一つ。

愛ある（①）の指導のおかげで、志望校に合格しました。

634 横槍を入れる

無関係の人が横から口を出す。会話などに口をはさむ。

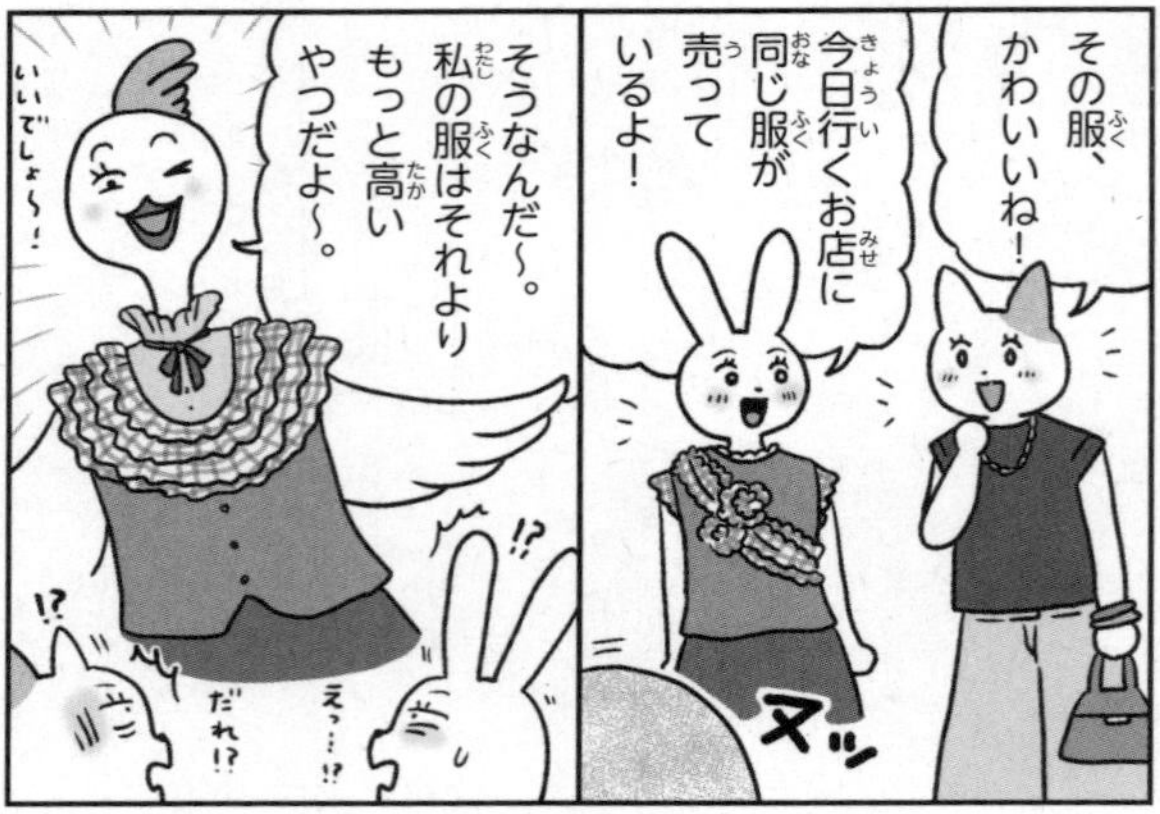

突然割りこんで、話に（②）ないでください。

635 兜を脱ぐ

自分の力がおよばないことを認めて、降参する。負けを認める。**類** 尻尾を巻く／旗を巻く

敵の大将がついに（③）いだ。

答え ①飴と鞭 ②横槍を入れ ③兜を脱

636 槍玉に挙げる

特定の者を標的にして、こうげきや非難をして責める。「挙」は「上」とも書く。

メンバーの一人を（④）なんて、よくないよ。

637 太鼓判を捺す

絶対にまちがいないことを約束する。保証する。

先生が私の作品に（⑤）してくれた。

638 大風呂敷を広げる

できそうもないことを言ったり、やろうとしたりする。

（⑥）てばかりで、実際は何もできていない。

答え　④槍玉に挙げる　⑤太鼓判を捺す　⑥大風呂敷を広げ

639

釘を刺す

まちがいが起きないように前もって注意する。忠告する。類 念を押す

いいかい、地下室には絶対入っちゃいけないよ。
ダメ!! 絶対!!
何で?
おそろしいことが起こるからさ。
こっそり行こう~。
何度も言うけど、絶対だめよ!
恐ろしいことになるわよ!
絶対に絶対に入らないで!!
今 恐ろしいです…

絶対に入ってはいけないと（①）。

640

天秤に掛ける

二つのものを比べる。対立する二つのどちらにも取り入って、自分が損をしないようにする。類 秤に掛ける

無人島に持っていく食べ物を、どちらか一つ選びなさい。
!!
えっ!
ラーメン
カレーライス
どっちも好きだから選べないよ!!
ハッ
夢か…

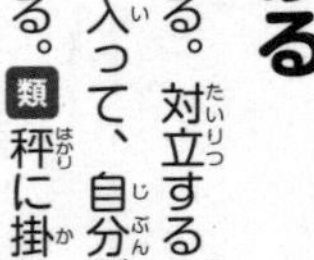

どちらも大好きなので、（②）ことはできません。

641

拍車を掛ける

物事を早く進ませる。「拍車」は、乗馬ぐつに取りつける金具のこと。

ううっ…寒いな。真冬だから当たり前だけど…。
コタツに入りたい…
ブルブル

木枯らし…初冬のころにふく強い風。

木枯らしがふき、寒さに（③）。

答え ①釘を刺す ②天秤に掛ける ③拍車を掛ける

642

発破を掛ける

強い言葉ではげましたり、気合いを入れたりする。「発破」は爆薬のこと。

類 活を入れる／気合いを入れる

もうたえられません。ぼくには最初から無理だったんです…。

カントク、すみません…！

何を言っている！

みんなで甲子園に行くと決めただろう？ エースのお前が弱音をはいてどうする！

ハッ

そうでした。もう少しがんばります！

選手に（④）て、やる気を出させる。

643

的を射る

要点や真理をとらえている。注「的を得る」と使うのはまちがい。

どうしたの？

りんごを取りたいんだけど、届かないんだ。

う〜ん

サル吉は木登りが得意なんだから、登って取ればいいんじゃない。

!!

…確かに。

それは（⑤）た意見だから、参考にしよう。

644

癇に障る

神経を刺激されていらだつ。むかつく。

類 癪に障る／気に障る

なかなかレジが進まないなあ。

あともう少し!!

シャッ

今日は混んでるなー。

はっ、何かご用ですか？

ムッカー

こ、こやつ…、横入りしたのに、全然悪いと思っていない!!

いやみな言い方で（⑥）。

答え　④発破を掛け　⑤的を射　⑥癇に障る

645 しびれを切らす

〈長時間座り続けて足がしびれることから〉待ち時間が長くていらいらする。

日本人たるもの、正座がちゃんとできないとなりませんよ。

はーい。

3分後

もう無理、つまらないし、話が足がしびれたよ!

もうやめた～い!!

まだちょっとしかたってないじゃない。まったく…。

けいこが終わらず（①）。

646 悦に入る

物事がうまくいって満足する。心の中で一人で喜ぶ。

合唱コンクールで優勝できたのは、ネコ田くんの指揮のおかげだよ!
えーっ!?
これ、みんなで作ったお礼のメダル!
パァァァ
喜んでくれてよかった!
うん!

彼は（②）った顔で、うっとりしている。

647 恩に着る

人から受けた親切や情けに感謝する。

テストがあるのを忘れてた!単語帳置いて来ちゃった…。

見せてあげるよ。いっしょに勉強しよう。

パオ子ちゃんのおかげでどうにかできたよ。本当にありがとう!このご恩は一生忘れない!!

大げさだなあ。

（③）よ。今日のことは一生忘れない。

答え ①しびれを切らす ②悦に入 ③恩に着る

覚えた言葉を確かめよう！
キャッチアップ！クイズ 35

まことは本を図書館に返すのがいやになってしまった。だって借りたんじゃない、本がついてきたんだ。手書きだし、貸し出し用のバーコードもついていない。本当に不思議な本だ。

「よし、今日も読むぞ。」

まことが本を開くと、『アークは、次にどの魔法の練習をしようか考えた。』という文章で終わってしまっていた。そのあとのページはずっと真っ白。

「何でだろう……。あっ、そうか！自分で続きを書けばいいんだ！　思い立ったが吉日だ、やってみよう。」

そう思ったまことは、続きを考えることにした。

――と同じ意味の言葉を選ぼう。

① 故郷へ錦を飾る

② 論より証拠

③ 時は金なり

④ 善は急げ

➡答えは 367 ページにあります。

648

音を上げる

苦しさにたえ切れず、泣きごとを言う。降参する。**注**「音」は「ね」と読む。**類** 弱音を吐く

これ以上がんばることができなくて、ついに（①）た。

649

我に返る

ほかのことに向いていた意識を取りもどす。気がつく。

何度も呼ばれて、ようやく（②）った。

650

我を忘れる

自分のことを忘れてしまうほど、何かに夢中になる。

（③）たように、ねこがねずみを追いかけている。

答え ①音を上げ ②我に返 ③我を忘れ

651

堪忍袋の緒が切れる

あふれるいかりをそれ以上我慢することができなくなり、そのいかりを爆発させる。

宿題を忘れました…。
ぼくも忘れました…。
私も忘れました…。
そろいもそろって何ですか！これで3回目！もう許しません!!
ヤギ先生がおこった!!

何度も許してもらったけれど、ついに（④）たようだ。

652

気が引ける

悪いことをした気持ちになって、遠慮したくなる。引けめを感じる。

このアイス、おいしそうでしょ。
最後の1つだけど…食べなさい。
でも、ママが食べたくて買ったんでしょ？なんだか悪いよ。
何を遠慮しているのよ。
アイス

私だけ食べさせてもらうのは（⑤）ます。

653

気が多い

いろいろなことに興味があって、その対象があちこちに変わる。浮気な心をもっている。

最近、おかし作りにはまっていて。
この前は手芸にはまっていたよね？
え
後日
実はヨガにもはまってて…。
あと登山とサーフィンもおもしろくって…。
……。

趣味が多いのはいいですが、（⑥）すぎやしませんか。

答え　④堪忍袋の緒が切れ　⑤気が引け　⑥気が多

654

気が滅入る

ゆううつになって、心が落ちこむ。

対 気が晴れる

はぁ…。
どうしたの？
実は最近、不幸なことが続いて…
そのうえ、さっき犬のフンをふんで、気分が落ちこんでいるんだ。
どうりで元気がないわけだ。

いやなことばかり続いて、（①）っている。

655

気に障る

不愉快になる。気分を害する。類 癇に障る／癪に障る

見て見て、新発売の魔法ステッキ！
あなた、まだそんな子どもっぽいものが好きなの？
…もういいよ。
プイ
何よ、急におこっちゃって。

私、何か（②）ことでも言いましたか？

656

気を揉む

心配や気がかりがあって気持ちが落ち着かない。

家のカギをかけ忘れた気がして、ずっと（③）んでいる。

答え ①気が滅入 ②気に障る ③気を揉

657

逆立ちしても

どんなにがんばってもできそうもない。参 打ち消しの「〜かなわない」などの形で使う。

バサ
バサ
いつか、おれも空を飛ぶんだ！
無理に決まってるだろ。
オレたち、ニワトリだぜ？
ぜ〜ったい無理！

にわとりは、（④）空は飛べないよ。

658

泣くに泣けない

泣きたくても、なみだが出ないほどショックが大きい。無念。

こわしたのがわざとではなくても、（⑤）ほど悲しい。

659

業を煮やす

思うように事が進まなかったり、物事の区切りがつかなかったりして腹を立てる。いらいらする。

イノシシめ。なかなかワナにかからないぞ！
ええい！何でそうにげるんだ。もっと右だ！右!!
キーッ
ステップ♪

獲物がなかなかわなにかからず、（⑥）。

答え ④逆立ちしても ⑤泣くに泣けない ⑥業を煮やす

660

穴があったら入りたい

どこかへ身をかくしたくなるほどはずかしい。

うぅん…もっと食べられるもん。

ププッ

お前、寝言言ってたぞ！「もっと食べられるもん」だって!!

はっ、はずかしい!!

授業中に寝言を言ってしまい、（　①　）。

661

現を抜かす

何かに心をうばわれて夢中になったり、熱中したりする。「現」は、平静な心のこと。

最近、ウサ太はいつもベランダに出ているな。

すっかり星空に夢中なのよ。

はあ、星はきれいだなあ。

あの一等星は何だろう？手が届けばいいのにな。

趣味に（　②　）のもほどほどにね。

662

向きになる

つまらないことに本気になる。ちょっとしたことで腹を立てる。

ムムム！ぬかされた。

また追いぬかしてやる!!

よし、追いこしたぞ…

ブベッ

（　③　）ってぬかそうとしたら、うっかり転んでしまった。

答え ①穴があったら入りたい　②現を抜かす　③向きになる

663 幸先がいい

いいことが起こりそうな予感がする。これからすることがうまくいきそうな気がする。

入学式の日に桜が満開になるとは（　④　）。

664 思いを馳せる

遠くはなれているものや、過去・未来に思いをめぐらせる。

昔の栄光に（　⑤　）。

665 声を呑む

ひどく緊張したり、おどろいたり悲しんだりして声が出ない。**類** 息が止まる／息を呑む

おどろきのあまり、（　⑥　）んだ。

答え ④幸先がいい　⑤思いを馳せる　⑥声を呑む

666 息を呑む

ひどくおどろいて、息をすることができない。はっとして息が止まる。

類 息が止まる／声を呑む

ダイヤモンドのかがやきに思わず（　①　）。

667 魔が差す

ふと悪事をはたらこうという気が起きる。出来心で悪事をおかす。

今日もよくがんばった！夕飯はどうしよう？
あっ、ここにお弁当がある！
ササッ
取り調べ室
どうして弁当をぬすんだんだ。
夕飯のことを考えていたら、自分のもののような気がしてきて…。
すみません

（　②　）して、お弁当をぬすんでしまいました。

668 涙を呑む

涙が出そうになるのをこらえる。悲しみやくやしさを我慢する。

初めての移動教室か…。これから2泊3日、パパとママに会えないのね。
うっ
見送りに来たよ。がんばっておいで！
ママ…!!
ぐっ
うう…さびしいなあ…。

家族とはなれることになり、（　③　）んでこらえた。

答え ①息を呑む ②魔が差 ③涙を呑

669

機が熟する

物事を始めるのにちょうどいい状況になる。

船長、先発隊から連絡があって、2時の方角に巨大な魚影があったとのことです！
そうか。では、我々も行くとしよう。いかりをあげなさい。
アイ・アイ・サー!!

魚影…水中にいる魚の姿のこと。

（④）した、そろそろ行くとしようか。

670

昨日の今日

そのことが起こってから、わずか一日過ぎた今日のこと。そのことがあって間もなく。

わーい、新しい本！お母さんありがとう。
よかったわね、大切に読むのよ。
翌日
読み終わった。
えっ、もう!?そんなにおもしろかったのね。

（⑤）で、新しい本を読み終わってしまった。

671

時間を稼ぐ

あることの準備が整うまで、何かしらの行動をしてその前のことを長引かせる。「時を稼ぐ」ともいう。

ぐっ、だめだ！みんな、オレがやつらをひきつけるから、そのすきににげるんだ！
そんな…桃太郎さん！
いいから行くんだ！やあああ!!
い、今のうちににげるんだ！行くぞ!!

ここは私が（⑥）から、みんなは急いでにげてくれ！

答え　④機が熟　⑤昨日の今日　⑥時間を稼ぐ

672 時間を割く

あることのために時間をつくる。

グッズを買うために、（①）いて列に並んだ。

673 射程距離に入る

目的のものが、自分の手の届く範囲に入る。

いよいよ目標達成の（②）ったぞ。

674 年貢の納め時

長い間悪いことをしていた人が、ばつを受ける時。ずっと続けてきたことを終わらせて改める時。

世間をにぎわせた凶悪犯も、とうとう（③）だ。

答え ①時間を割 ②射程距離に入 ③年貢の納め時

覚えた言葉を確かめよう！

キャッチアップ！クイズ 36

日本のことわざと似た意味の、外国のことわざを線で結ぼう。

①楽あれば苦あり
楽しいことがあれば、そのあとに苦しいこともあるということ。

②腐っても鯛
本当にすぐれているものは、いたんでもそれなりの値打ちがあること。

③海老で鯛を釣る
わずかな品物や労力で、大きな利益を得ること。

エジプト
ある日はハチミツ
ある日はたまねぎ

ドイツ
ベーコンを求めてソーセージを投げる

中国
やせたらくだは馬より大きい

➡答えは367ページにあります。

675

ぐうの音も出ない

言いつめられて言い返すことができない。言葉が出てこない。「ぐう」は、のどがつまったときの音。


つまり、お前は実った柿を独りじめしたうえに、母さんにかたい柿を投げつけたんだな。

いや オレは…

言い訳はできないぞ! お前の悪事は知ってるんだ。

ゲッ

悪事を暴かれて、（　①　）。

676

にらみが利く

相手をおそれさせて、好き勝手なまねをさせないようおさえつける。「にらみを利かせる」とも使う。


この村は平和ですね。

それはね、村の番人、クマ介さんのおかげなのよ。

ああ…あのにらみが利いたこわい番人か。

彼の（　②　）かぎり、この村は安全だ。

677

引けを取らない

負けない。おとらない。同等・同格である。参「引けを取る」と反対の意味でも使う。

母の手芸の腕前は、祖母に（　③　）。

答え ①ぐうの音も出ない　②にらみが利く　③引けを取らない

678

雲を掴むよう

まったく掴みどころがない。はっきりとしない。

今日は、まぼろしの生き物ツチノコを見つけに行こう！
うわさでは、森の土の中にいるらしいからね。
森の土の中？そんなふわっとした手がかりで見つかると思う？
え、まぁ…

UMA…正体不明の未確認生物。

UMAのツチノコを探すなんて、（④）な話だ。

679

雲行きが怪しい

事の成り行きが悪くなりそうなさま。くもっていて雨が降り出しそうなさま。

今から運動会の種目決めをしま～す！
30分で終わらせましょう。
・リレー
・かりもの
・ながなわ
・たまころがし
は～い
やろやろ～
では、まずリレーに出たい人？
あれ…、もしかして時間がかかる？
しーん…

候補者がそろわず、会議の（⑤）くなった。

680

影も形もない

あと形もない。今まであったものが消えてなくなっている。

今日はカレーよ。
やった～
あれ？ジャガイモが入ってないよ。
あら～？
とけちゃったのかしらねえ…。

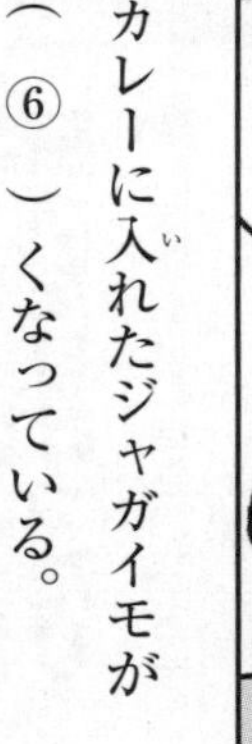

カレーに入れたジャガイモが（⑥）くなっている。

答え　④雲を掴むよう　⑤雲行きが怪しい　⑥影も形もない

681

荷が重い

その人の能力よりも責任や負担のほうが大きい。 類 荷が勝つ

みんなの推薦で、学級委員長はウサ丸くんに決まりました。

えっ！ ぼく？

無理ですよ！ 話すの苦手だし、みんなをまとめる力もないし…。

ぼくがまとめ役になるのは（ ① ）です。

682

間が悪い

どことなくはずかしい。タイミングやめぐり合わせがよくない。運が悪い。

ガチャ
ただいまー
今日の夕飯はいらないんじゃなかったの？
急に予定が変わったんだよ！
ハッ
あ、あらお帰り…。

（ ② ）ときに帰ってしまった。

683

願ったり叶ったり

望んだとおりの結果になること。

ドラマ今夜9時

俳優のイヌ太さん、かっこいいわ〜。いつか会えるかな。

ドラマが始まる前に、おやつを買ってこよう。

コンビニ

あれはまさかイヌ太さん？

幸運すぎる!!

大好きな俳優をたまたま見かけるなんて、（ ③ ）だよ！

答え ①荷が重い ②間が悪い ③願ったり叶ったり

684

軌道に乗る

物事が予定どおりに運び始める。

進めていたプロジェクトが、ようやく（④）った。

685

群を抜く

たくさんある中でずば抜けている。圧倒的。

記憶力が（⑤）いていい。

686

型にはまる

決まりや常識に沿ったやり方で、おもしろみがない。

（⑥）ったやり方では、新しいものは生まれません。

答え　④軌道に乗　⑤群を抜　⑥型にはま

687

芸が無い

工夫がなくておもしろみや新鮮さがない。身につけた芸事がない。

ただ歌うだけでは（ ① ）。

688

見る影も無い

以前の様子がわからないほど変わってしまって、みすぼらしい。

今や昔の（ ② ）く、若さを失い年老いてしまった。

689

軒を並べる

軒が重なるようにして家が建ち並んでいる。「軒」は、屋根の下のつき出した所。**類** 軒を争う／軒を連ねる

かの有名な質屋が（ ③ ）通りだ。

質屋…物を預かって金を貸す職業、または店。

答え ①芸が無い ②見る影も無 ③軒を並べる

覚えた言葉を確かめよう！

キャッチアップ！クイズ 37

ことわざの意味に合う言葉を、ひらがなで□に入れよう。

③		②	
④			①

タテのカギ

① ○○も方便

○○をつくのはよくないが、物事を円滑に進めるために○○をつかなければならないときもあるということ。

② 住めば○○○

どんなに不便な場所でも、住みなれると居心地がよくなって住みやすくなるということ。

ヨコのカギ

③ ○○○○の舞台から飛び下りる

一大決心をして何かを実行すること。

④ 失敗は○○○○のもと

失敗するとその原因を考えるので、改善すれば成功につながるということ。

➡ 答えは 367 ページにあります。

690

呼び声が高い

評判が高く話題になっている。評判がうわさになっている。

優勝候補との（①）。

691

固唾を呑む

成り行きを緊張して見守る。「固唾」は、緊張しているときなどに口にたまるつばのこと。類 手に汗を握る

（②）んで、試合を見守る。

692

功を奏する

物事が成功する。成就する。効果が出る。

事前の対策が（③）した。

答え ①呼び声が高い ②固唾を呑む ③功を奏する

693

至れり尽くせり

何もかもが用意されていて、文句のつけようがないこと。配慮が行き届いていて申し分ないこと。

（④）のもてなしを受ける。

694

取るに足りない

あえて取り上げるほどの価値がない。たいしたことがなくてつまらない。

悪口のような（⑤）話題はやめよう。

695

底を突く

たくわえていたものがなくなる。また、物価などの相場が下がりきる。

おこづかいが（⑥）いて、すっからかんだ。

答え　④至れり尽くせり　⑤取るに足りない　⑥底を突く

696

途方に暮れる

よい手段が見つからず、どうしてよいかわからなくなる。困り果てる。

山道に迷って（　①　）。

697

得体が知れない

そのものの正体がわからない。おそろしさを感じる場合に使う。参お

最近つかれているみたいだから、特製ジュースを作ったよ♡
サンキュー。
すごいにおい…。
これは、いったい何が入っているんだろう…。

この（　②　）変な色のジュースを飲ませるんですか？

698

箔が付く

評価や値打ちが高まる。貫禄がつく。

大きな賞をもらって、経歴に（　③　）いた。

答え ①途方に暮れる ②得体が知れない ③箔が付

699

うんともすんとも

まったく返事がないさま。**参** 打ち消しの「～返事がない」などの形で使うことが多い。

話しかけたが、（　④　）答えがない。

700

鰻のぼり

物事の程度や段階が休みなくどんどん上がったり、増えたりするさま。

店の評判が（　⑤　）だ。

701

どうにかこうにか

不十分ではあるが、ぎりぎりのところで目的などを達成するさま。やっとのことで。

（　⑥　）夏休みの宿題を終わらせた。

702

どうにもこうにも

解決のしようがない。どうにもならない。**参** 打ち消しの「～ならない」などの形で使うことが多い。

資金がつきて、（　⑦　）やっていけない。

703

ぬるま湯に浸かる

心地のよい環境にあまえて、のん気にしている。

（　⑧　）っていては、ライバルに追いぬかれるよ。

704

ピンからキリまで

最も良いものから、最も悪いものまで。始めから終わりまで。

この商品には（　⑨　）、いろいろな種類がある。

答え　④うんともすんとも　⑤鰻のぼり　⑥どうにかこうにか　⑦どうにもこうにも　⑧ぬるま湯に浸か　⑨ピンからキリまで

705 抜き差しならない

どうにもしようがない。身動きできない。類 進退窮まる

かぎを忘れて部屋に入れず、（①）状況だ。

706 板に付く

態度や動作、服装などがその人の仕事や役割にふさわしくなる。

動作が（②）いていて、まるで職人みたいだ。

707 宝の持ち腐れ

役に立つものや貴重なもの、才能などを持っていながら、それをうまく活用できずにいること。

すばらしいバイオリンですね。これをください。
おおー
まいどありがとうございます。
うっとり…
パパって楽器をながめているだけだね。
ほんと、困った趣味だわ…。
ハァ～

楽器を集めるだけでひかないなんて、（③）だ。

答え ①抜き差しならない ②板に付 ③宝の持ち腐れ

708

ほとぼりが冷める

興奮が冷める。人々の関心がうすれる。

うわさ話で盛り上がっていたが、そろそろ（④）ころだな。

709

挙げ句の果て

物事の最後。結末。結局。

授業中にいねむりをして、（⑤）に寝言まで言い始めたぞ。

710

芸が細かい

細かいところにも注意をはらっている。

このガラス細工は、なんて（⑥）のだろう。

711

決まりが悪い

なんとなく気はずかしく、落ち着かない。照れくさい。

ほめられすぎて、（⑦）。

712

脂が乗る

仕事などの調子が出てきてはかどる。

作業を始めて一時間、ようやく（⑧）ってきたぞ。

713

目処が付く

見通しがはっきりする。「目処」はめあてや目標のこと。「目処が立つ」ともいう。

どうなるかと思っていた仕事だったが、ようやく（⑨）いた。

答え　④ほとぼりが冷める　⑤挙げ句の果て　⑥芸が細かい　⑦決まりが悪い　⑧脂が乗る　⑨目処が付く

714

余念がない

ほかのことに気を取られず、そのことだけに集中する。注「余念がある」とは使わない。

パカ美、学校に遅刻するわよ!
私、髪型がちゃんときまっていないといやなの。
あとは、ワックスをつけてっと…。
早く行きなさーい!!
ワックス

彼女はおしゃれに（　①　）。

715

様になる

それらしく格好がつく。それにふさわしい様子になる。

「この格好はどうかな?」
「すごく（　②　）っているよ。」

716

埒が明かない

物事が先に進まない。問題が片づかない。「埒」は、さくのこと。

ねね~
来週の旅行、楽しみだね!
はぁぁ~何?
エッ!?
仕事で行けなくなったって聞いたからキャンセルしたよ!?
はあーっ!? そのあと、「やっぱり行ける」って言ったよ!?
聞いてないし! もうキャンセルしちゃったし!!
キーッ

言った言わないの話をしても（　③　）よ。

答え ①余念がない ②様にな ③埒が明かない

717

是が非でも

良くても悪くても。どんなことがあっても。何が何でも。類 否が応でも

この作業は、私が生きているうちに（④）やりとげたい。

718

そうは問屋が卸さない

そんなに思いどおりにはうまくいかない。

一夜づけで満点を取ろうなんて、（⑤）。

719

息が切れる

続けることが苦しくなり、できなくなる。

最初から飛ばしすぎると（⑥）よ。ゆっくりいこう。

720

息が長い

物事が途切れることなく長続きする。また、一つの文章がとても長い。

この本は、多くの人に読まれた（⑦）作品だ。

721

多かれ少なかれ

多少の程度の差はあっても。類 大なり小なり

（⑧）、人にはなやみがあるものだ。

722

遅かれ早かれ

遅いか早いかのちがいがあっても、結果は同じだということ。

（⑨）、途中でやめると思っていたよ。

答え ④是が非でも ⑤そうは問屋が卸さない ⑥息が切れる ⑦息が長い ⑧多かれ少なかれ ⑨遅かれ早かれ

723

上の空

ほかのことに夢中になっていて、必要なことに注意が向かないさま。

給食が気になって、先生の話を（①）で聞いていた。

724

度が過ぎる

物事がちょうどいい度合いをこえる。

そのいたずらは、（②）よ。

725

動きが取れない

障害や制約、義理などがあって、うまく行動できない。

待機するように言われたので、連絡が来るまでは（③）ません。

726

水の泡

努力や苦労がすべてむだになること。

類 水泡に帰する／棒に振る

せっかくの苦労が（④）だ。

727

有終の美

最後まで物事を終わらせて、すばらしい結果をむかえること。参「～を飾る」と使うことが多い。類 最後を飾る

引退コンサートで（⑤）を飾った。

728

輪を掛ける

程度をいっそう高める。大げさにする。参 よくない場合に使うことが多い。

今回の得点は、いつもの点数に（⑥）てひどかった。

答え ①上の空 ②度が過ぎる ③動きが取れ ④水の泡 ⑤有終の美 ⑥輪を掛け

覚えた言葉を確かめよう！
キャッチアップ！クイズ 38

まことが書いたのは「さか上がりができる魔法」。だって、クラスのみんなはできるのに、自分だけできないなんてくやしすぎる。よし、さっそく公園に行こう。

今まで何度も失敗したけれど、あの本に書いたからきっとできる！ 七転び八起きの気持ちでがんばるぞ！

そして、ついに「できた！」とこうふんしたまま家に帰ったまこと。「こんなのはどうだろう？」と次に書いたのは「空を飛ぶ魔法」だ。

「飛べたらいいけど、さすがに無理かな。よし、ご飯食べに行くか。」と階段を走って下りたまことは、足をすべらせてしまった。


――と同じ意味の言葉を選ぼう。

① 失敗は成功の母
② 果報は寝て待て
③ 二度あることは三度ある
④ 良薬は口に苦し

➡ 答えは 367 ページにあります。

729 縁もゆかりも無い

何の関係もつながりも無い。

（　①　）人が、とても親切にしてくれた。

730 縁を切る

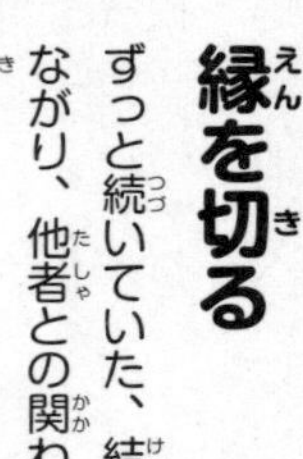

ずっと続いていた、結婚や親子のつながり、他者との関わりなどを断ち切る。

この家を出ることにした。探さないでくれ。

もう家族じゃないの？

おじさんは今ごろ何してるかなあ。

連絡もないし、もう知らないわよ！

プンプン
確かに駅前で待ち合わせとは言ったけど、あんな柱のかげに立っていたら、わかるわけないじゃない！

あなたはいつもピョンピョンしてるんだから、ジャンプして探せばいいじゃないの！

なに、あの言い争い…。

おこって言っちゃ、よくないよね。

（　②　）ってから、まったく連絡がない。

731 角が立つ

きつい言い方やよくない態度で、人との関係がうまくいかなくなる。

そんなにきつい言い方をしたら（　③　）よ。

答え ①縁もゆかりも無い ②縁を切 ③角が立つ

732

気が置けない

気をつかう必要がなく、気楽に親しくつき合える。注「信用できない」という意味で使うのはまちがい。

夕食までのんびりしようっと。
おみやげ、見てくるね。
カギ、持って行ってね。
自分のペースで行動し合える友達って最高！
二人にジュース、買ってもどろうっと。

（④）友人たちとの旅行は、言うまでもなく楽しい。

733

切っても切れない

強いきずなで結ばれていたり、関係が深かったりして容易に断ち切れない。

彼女とは、（⑤）不思議な縁があるみたい。

734

息が掛かる

有力者などの保護や支配を受ける。

「あの兵たちは何なの!?」
「殿の（⑥）った者たちだよ。」

答え　④気が置けない　⑤切っても切れない　⑥息が掛か

735 息が合う

おたがいの気持ちや調子がぴったり一致する。

昔、もちつき大会で優勝したんだよ。
早くやって見せて！
すごい！
ペタン ハイ ペタン ハイ
息の合ったご夫婦だね。

なんて（　①　）ったもちつきなんだろう。

736 頭が上がらない

恩義があったり実力差があったりして、相手に引けめを感じる。

君たち、仕事はほどほどにして帰りなさい。
そういう社長は、おそくまで働くんだよ。
気取らないし、やさしいんだよ。
あなたも早く帰って、休みなさいな。
はっ…はい、そうします…。
だれ？
幼なじみのお父さんなんだって。

昔からお世話になっているあの人には（　②　）。

737 影が薄い

どことなく元気がない。その人の存在自体が目立たず印象が薄い。

もう来てたの。
楽しみだったからね。
リス子ちゃんはまだか？
さっきからここにいるよー。
いたんだ！
気がつかなかった。

（　③　）くて、彼女がいることにずっと気がつかなかった。

答え ①息が合 ②頭が上がらない ③影が薄

738 懐が深い

度量が深くて包容力がある。

あの人は、（④）くて、尊敬できる人だ。

739 気が利く

とっさの判断で細かい気づかいをする。しゃれていたり、洗練されていたりする。

母は、いつも（⑤）おやつを出してくれる。

740 隅に置けない

思っていたよりも知識や能力がある。意外とばかにできないところがある。

お名前をご記入ください。
私から書くね。
うわ、筆ペン！苦手だなあ。
サラ
サラ
うわっ、達筆！

そんなに達筆だなんて、君も（⑥）なあ。

答え　④懐が深　⑤気が利く　⑥隅に置けない

741

物が分かる

ものの道理や人情をよくわきまえている。

今の村長は、若いが（①）人物だ。

742

非の打ち所がない

少しも欠点がない。悪いところがない。

類 完全無欠

（②）彼女は、みんなのあこがれの的だ。

743

弁が立つ

話すのがうまい。雄弁である。人前でも堂々とした話し方ができる。

元政治家だけあって（③）。

答え ①物が分かる ②非の打ち所がない ③弁が立つ

覚えた言葉を確かめよう！

キャッチアップ！クイズ 39

次の□には、それぞれ同じ漢字が入るよ。□から選ぼう。

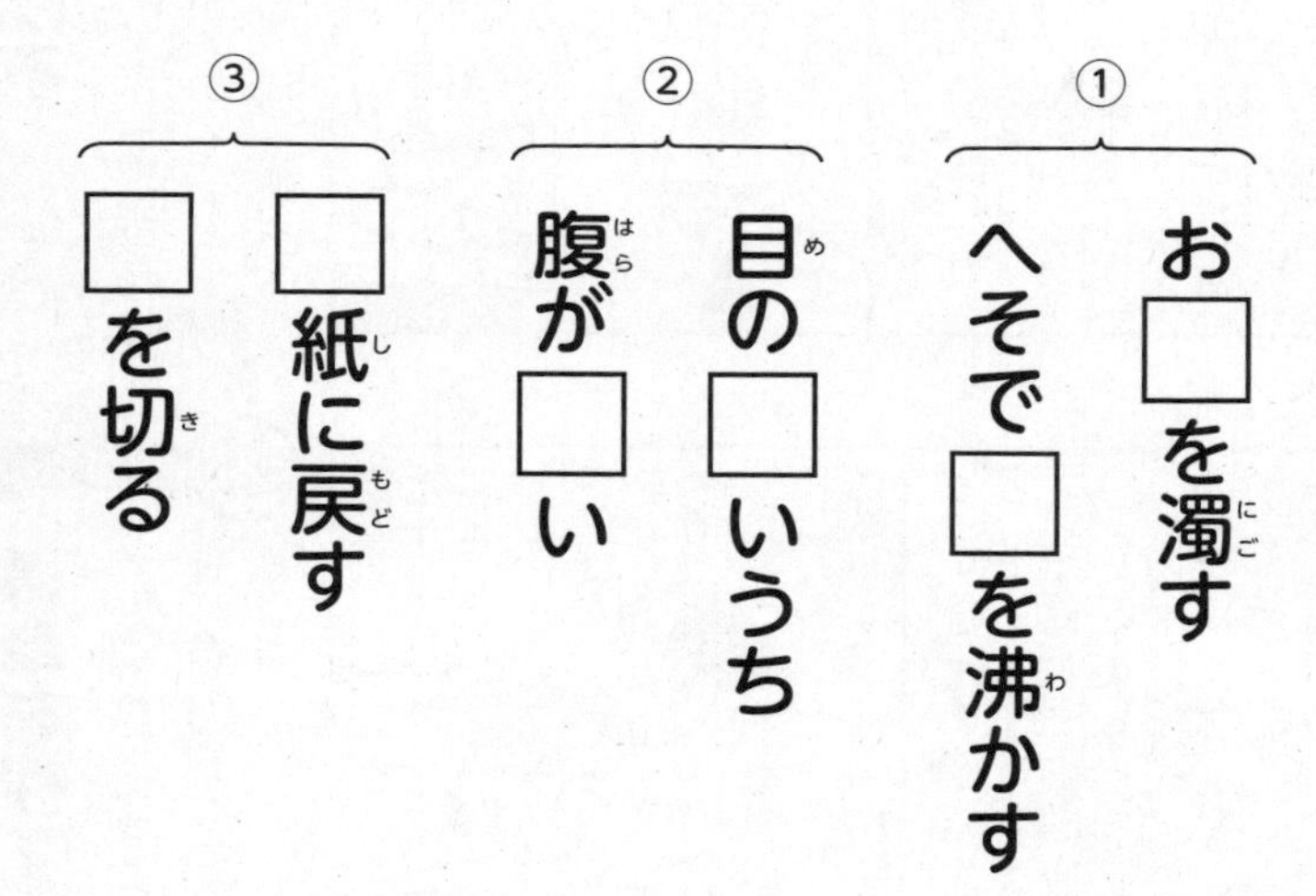

①
お□を濁す
へそで□を沸かす

②
目の□いうち
腹が□い

③
□紙に戻す
□を切る

青	赤	白	黒
紫	黄	茶	紅

➡答えは 367 ページにあります。

744

けりを付ける

〈古典の文章で、文末に助動詞「けり」がつくものが多いことから〉物事を終わりにする。決着をつける。


この戦いにそろそろけりをつけよう。

ああ、いつまでも続けているわけにはいかんからな。

では、いくぞ!

最初はグー、じゃんけんポン!あっち向いてホイ!

最初はグー、じゃんけんポン!あっち向いてホイ!


戦いに（ ① ）ないと、日が暮れてしまうよ。

745

横車を押す

〈車を横から押すということから〉道理に合わないことを無理矢理押し通すこと。

こんなところで何してるんだい?
車輪が道のへこみにはまっちまってさ。
うおおおおーっ!
むん
横ではなく後ろから押したほうが早いよ。

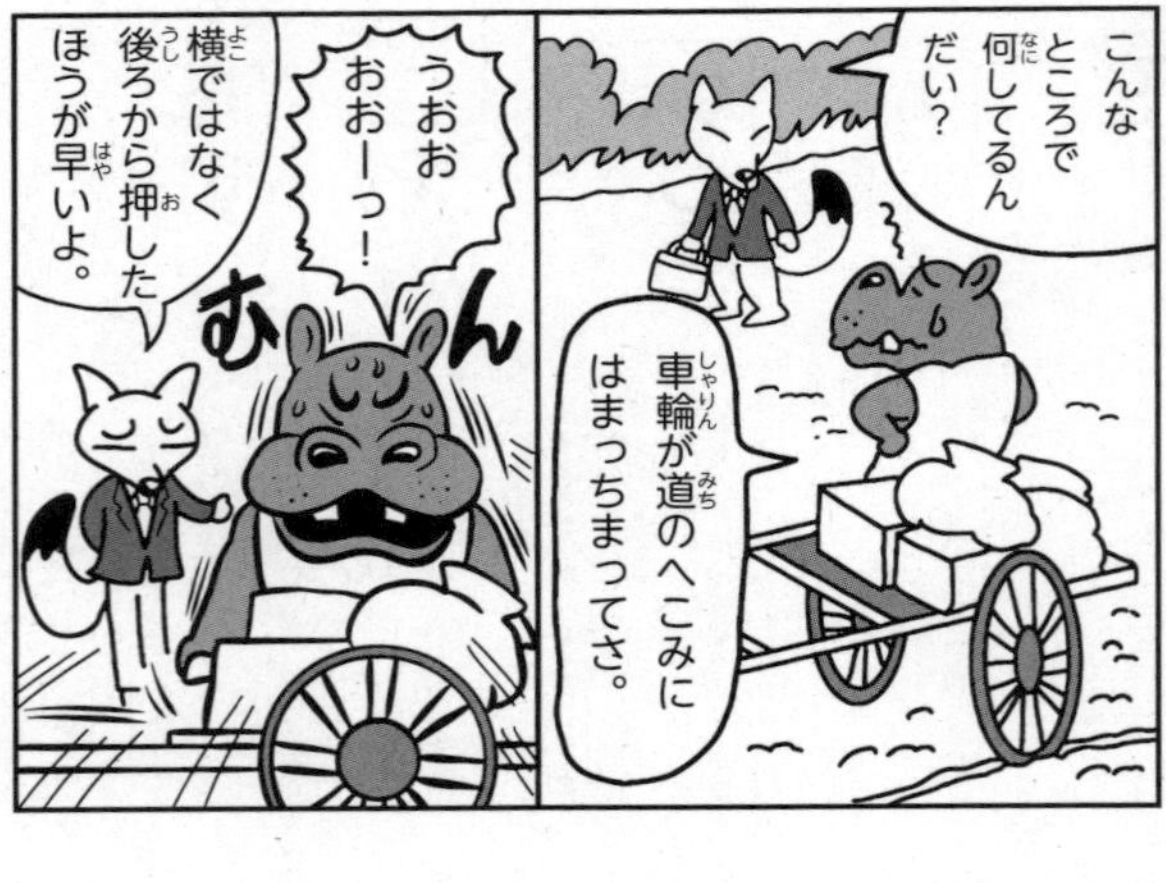

（ ② ）やり方では、物事は前に進みませんよ。

746

我を通す

自分の考えや主張をおし通す。類 我を張る／意地を通す 対 我を折る

今年の文化祭ですが多数決の結果、ワッフル屋さんとなりました。がんばって成功さ…。

何ですかサル太くん?

ハイッ
おれは、お化け屋敷がやりたいでーす。

えっ、今、ワッフル屋さんって決まったところで…。

でも、やっぱりお化け屋敷がやりたいの!!


（ ③ ）そうとばかりしないで、私の意見も聞いてください。

答え ①けりを付け ②横車を押す ③我を通

747

笠に着る

地位や権力をたのみにしていばったり、それを利用して勝手なことをする。 類 虎の威を借る狐

イヌ太郎のやつ、オオカミ様のしもべになったんだってよ。
それで最近いばっているわけか…。あっ、うわさをすれば…。
オオカミ様に仕える、イヌ太郎様だ。道を空けろい！
やれやれ…。
まあ、長くは続かないよ…。

あの男は、いつも権力を（④）ている。

748

危ない橋を渡る

今にもくずれ落ちそうな橋を渡るように、わざわざ危険なことをする。 対 石橋を叩いて渡る

そんな（⑤）ってチャレンジすることはないと思います。

749

気を回す

余計なことにまで気を配る。根拠のない憶測をする。

夏休みだし、いっしょにお料理でもしてみる？
う〜ん。
どこ産のニンジンかなあ？
ニンジンかえして！
そんなに気になるなら、やめてもいいわよ！

調理以外のことに（⑥）のは、やめてください。

答え ④笠に着　⑤危ない橋を渡　⑥気を回す

750 気を持たせる

相手が期待するような、思わせぶりな言動や行動をする。

（①）ようなことを言って、全然貸してくれないじゃない。

751 気を配る

細かいところまでよく気をつける。

類 心を配る

寒くて歯がカチカチ鳴っちゃうわ。
薄着だからよ、これあげる！
カイロ
ありがとう！相変わらず気配り上手ね!!
あったかーい
ネコは寒さに敏感なのよ。
カイロ

小さい子どもには特に（②）ってあげよう。

752 高を括る

その程度だろうとあまく予測する。大したことはないだろうと見くびる。

よーい…
ドン
ダッ
ダッ！
のろまなカメと勝負なんて、結果は目に見えている…。
ひと休みするか…。

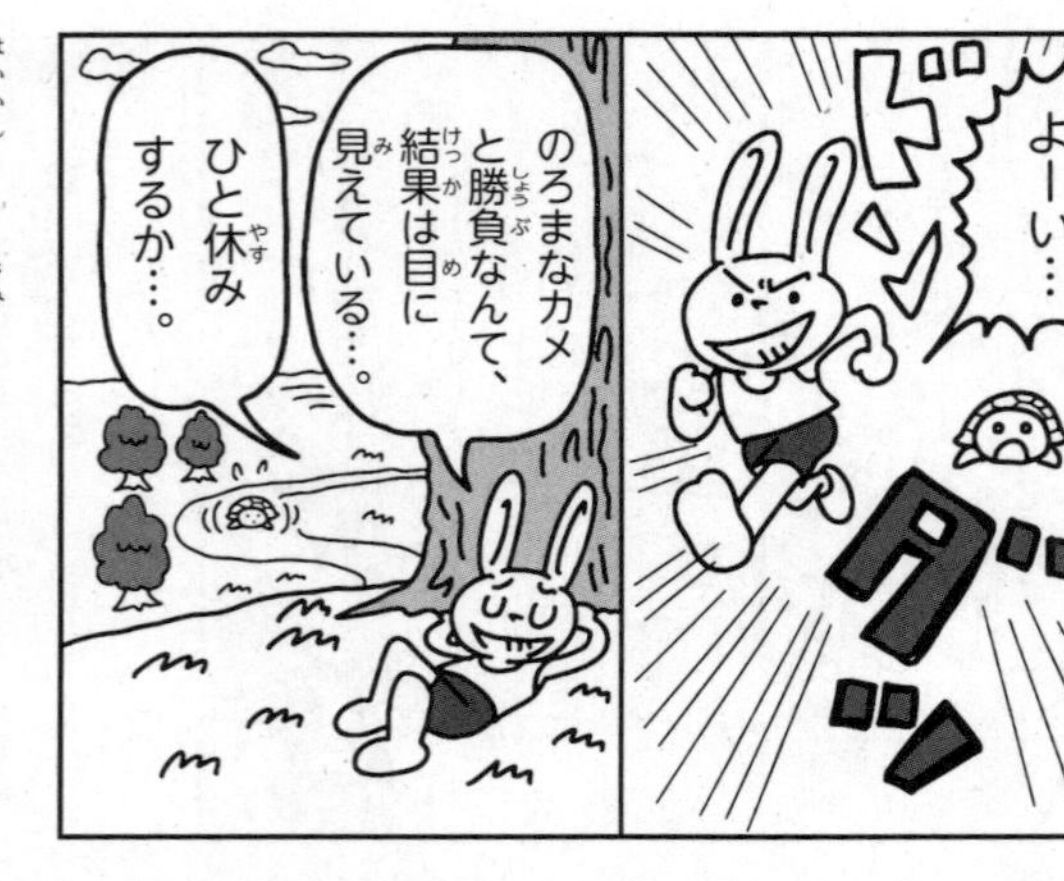

敗因は、君が（③）っていたからだよ。

答え ①気を持たせる ②気を配 ③高を括

753

気が気でない

心配で落ち着かない。気がかりでたまらない。

もし不合格だったらと（④）。

754

高みの見物

自分は直接の利害関係をもたず、他人の行動をはたからおもしろがって見ていること。類 対岸の火事

あっ、けんかだ！　ここは（⑤）といこう。

755

采配を振る

先頭に立って指示を出し、多くの人を動かす。「采配」は、戦のときに大将が使う道具。類 音頭を取る

あのコーチが（⑥）れば、必ず勝てるといううわさだ。

756

斜に構える

物事に正面から向き合わず、ばかにしたり、気取ったりして皮肉な態度をとる。

あの生徒は（⑦）ていて、どうにもやりづらい。

757

煙に巻く

大げさなことや理解できないことを言って、相手をまどわせる。注「煙」は「けむ」と読む。

答えたくないからって、（⑧）のはやめよう。

758

くだを巻く

酒によってしつこくからんだり、つまらないことをくどくどと言う。

父は、酒を飲むといつも（⑨）。

答え　④気が気でない　⑤高みの見物　⑥采配を振　⑦斜に構え　⑧煙に巻く　⑨くだを巻く

759

寝た子を起こす

せっかく落ち着いているのに余計なことをして、再び問題が起きたり、面倒なことになったりする。

（①）ようなまねをするから、痛いめにあうんだよ。

760

図に乗る

自分の思いどおりになって調子に乗る。つけ上がる。 類 調子に乗る

少し有名になったからって、（②）りすぎだぞ。

761

世話を焼く

自分から進んで人の面倒を見る。時間や手間がかかるのもかまわずに、人のためにつくす。

母は、弟の（③）娘をほほえましく見守っている。

答え ①寝た子を起こす ②図に乗 ③世話を焼く

覚えた言葉を確かめよう！

キャッチアップ！クイズ 40

体が宙にうき……ドッシーン！　1階まで落ちてしまった。足がとても痛い。病院に行くと、足の骨が折れていることがわかった。あんなことを書いたからだ。落ちこむまことのお見まいに、おばあちゃんが来てくれた。

「あら、これは。」とおばあちゃんは、つくえに置いてあった魔法の本を見て□。

「おばあちゃん、この本知ってるの？」

まことはおどろいてたずねた。

「ええ、実はこの本、あなたが生まれる前に死んでしまったおじいちゃんが書いたものなのよ。」

「ええっ！　そうなの？　図書館にあったんだ。」

□に合うものを選ぼう。

① 目を掛けた

② 目を盗んだ

③ 目を丸くした

④ 目を付けた

➡答えは 367 ページにあります。

762

声を潜める

他人に聞こえないように声を小さくする。

ほかの人にめいわくがかかるから、（①）て話そう。

763

折り紙を付ける

人や物をすぐれた価値のあるものだと評価する。確かなものだと証明する。「折り紙付き」ともいう。

この作品は、鑑定士が（②）たものです。

764

息を潜める

気づかれないように、呼吸をおさえて静かにじっとしている。

獲物がやってくるのを（③）じっと待つ。

答え ①声を潜め ②折り紙を付け ③息を潜め

765

レッテルを貼る

人や物に対する評価を一方的にする。「レッテル」とは、オランダ語で商用札のこと。

彼は、うそつきという（④）られてしまった。

766

意地を張る

体面やプライドから、ほかの人に逆らって自分の考えや主張をおし通そうとする。類 意地を通す

いつまでも（⑤）っていないで、そろそろきげんを直しなよ。

767

意表を突く

まったく予想がつかないことを言ったり、したりする。

相手の（⑥）いたこうげきを仕かける。

768

我関せず

何かに対して関心がない、もしくは関心をもとうとしない。「我関せず焉」ともいう。

周囲はさわがしいが、（⑦）と読書を続ける。

769

活路を開く

苦しい状況からぬけ出して、生き延びたり、切りぬけたりする道を見いだす。

お店が赤字だ…。メニューを増やして（⑧）ぞ。

770

情けを掛ける

思いやりの気持ちを相手に掛ける。相手に同情してやさしくする。

今回は（⑨）て、助けてしんぜよう。

答え ④レッテルを貼 ⑤意地を張 ⑥意表を突 ⑦我関せず ⑧活路を開く ⑨情けを掛け

771

情け容赦もない

相手に対して、一切の同情や手加減なく強行する。

兄は（ ① ）く、ゲームで私を負かす。

772

精を出す

元気を出して一生懸命に行う。

試験勉強に（ ② ）。

773

買って出る

他人にたのまれたわけではないのに、自分から進んで仕事や役割を引き受ける。

立候補者がいなかったので、学級委員を（ ③ ）ことにした。

774

方を付ける

物事を解決したり、決着させたりする。「方」は「片」とも書く。

この争いにも、そろそろ（ ④ ）よう。

775

予防線を張る

自分に不都合な展開になることを防ぐために、前もってそれを回避する手段を用意しておく。

質問に答えなかったのは、（ ⑤ ）っていたからだ。

776

裏をかく

相手の予想や計略を見ぬいて、ねらいをくじく。

相手の（ ⑥ ）のは、得意の作戦なんだ。

答え ①情け容赦もな ②精を出す ③買って出る ④方を付け ⑤予防線を張 ⑥裏をかく

777

イニシアチブを取る

先だって発言や提案をして全体をリードしたり、集団を支配したりする。「イニシアチブ」は、主導権のこと。

団長が（⑦）ったことで、議論がスムーズに進み出した。

778

うんちくを傾ける

何かをするときに知識や技能などをおしみなく発揮する。「うんちく」は、たくわえた知識や技能のこと。

彼女は映画の話になると、（⑧）。

779

おべっかを使う

心にもないお世辞を言って、相手に取り入ったり、気に入られたりしようとする。類 尻尾を振る

彼は（⑨）って、会長に取り入ったんですよ。

780

お株を奪う

その人が得意としていることを、ほかの人がうまくやってのける。「お株」は、特技や特長のこと。

ぼくの仕事の（⑩）のはやめてください。

781

無いものねだり

そこに無いものをほしがる。望んでも得られないことを望む。

宮殿に住みたいなんて、（⑪）もいいところだ。

782

ピッチを上げる

物事を精力的に行って効率を上げる。「ピッチ」は、一定の時間内にくり返す回数や調子のこと。

このペースじゃ間に合わないから、（⑫）よう。

答え ⑦イニシアチブを取 ⑧うんちくを傾ける ⑨おべっかを使 ⑩お株を奪う ⑪無いものねだり ⑫ピッチを上げ

783 棚に上げる

物事の解決を引きのばす。自分に都合の悪いことにはふれないで、そのままにしておく。

好ききらいをすると、栄養がかたよるんだよ。できるだけ何でも食べなさい。
はあ…、あなたがそれを言うの？
ジーッ
お皿に残ってるのは何かしら。

自分のことを（①）て、子どもをしからないでください。

784 念を押す

まちがいがないようにさらに確かめる。一度注意してから、重ねて注意する。類 駄目を押す／釘を刺す

0点を取ったこと、絶対に親に言うなよ。お前の母ちゃんからオレの母ちゃんにばれるかもしれないから…。
うん、言わない。
ぜっ、絶対に絶対にぜーったいに、だからな!!
もう、うるさいなあ。

秘密は絶対にもらさないようにと（②）。

785 不意を突く

突然おそう。いきなりしかける。「不意を打つ」ともいう。類 虚を衝く

ほう、なかなか気が利くではないか。これはうまい酒だ。
ヒック
ねむくなってきた…。
今だ、たおすぞ!

相手の（③）いて成敗する。

答え ①棚に上げ ②念を押す ③不意を突

覚えた言葉を確かめよう！

キャッチアップ！クイズ 41

反対の意味を表すことわざと線で結ぼう。

① 後は野となれ山となれ ・
② 鳶が鷹を生む ・
③ 善は急げ ・
④ 危ない橋を渡る ・

・蛙の子は蛙
・石橋を叩いて渡る
・急がば回れ
・立つ鳥跡を濁さず

➡ 答えは 367 ページにあります。

786 墓穴を掘る

敗北や破滅につながるような原因になる行動をする。自滅する。

うっかり本当のことを言って、（①）ってしまった。

787 名乗りを上げる

自分の名前や素性を高らかに告げる。何かの役目に立候補したり、参加の意思を示す。

きゃあ、たおれた！大変、だれか!!
バタ—ン
お客様の中に、お医者様はいらっしゃいませんか！
はい、私は医師です。

医師として、人助けに（②）。

788 鳴りを潜める

物音や声を立てないで静かにする。活動を止めてじっとしている。

彼女が（③）たのは、やましいことがあるからかもしれない。

答え ①墓穴を掘 ②名乗りを上げる ③鳴りを潜め

789 門前払いを食う

会いに行っても中に入れてもらえず、そのまま帰る。

今日こそ、ネズミ師匠に弟子入りするんだ!
ドンッ ドンッ
たのもーーっ
申し訳ございませんが、ネコの方々は入門をお断りするという決まりです。お帰りください。
ネコ禁止
ザックリ

「あら、帰りが早いのね。」
「うん、（④）ったからね。」

790 異を唱える

ある意見に対して、ほかの意見や反対の意見を言う。「異」は他の意見のこと。

リーダーの提案に（⑤）。

791 言い得て妙

何かをたとえて言うときに、その表現がぴったり合っていること。注「妙」は「奇妙」という意味ではない。

「宝石みたいなあめ玉だね。」
「本当に宝石みたい、（⑥）ね。」

答え ④門前払いを食 ⑤異を唱える ⑥言い得て妙

792 言葉を濁す

都合が悪いことを答えるときに、はっきりとしない言い方をする。あいまいに言う。類 口を濁す

質問に答えられず（　①　）。

793 座が白ける

その場の人々の楽しかった雰囲気が変わって、つまらなくなる。「座が醒める」ともいう。

会話が続かず（　②　）。

794 折り合いが付く

立場や意見の異なる者が共通の話題について話し合った結果、妥協点を見つけて話し合いに決着がつく。

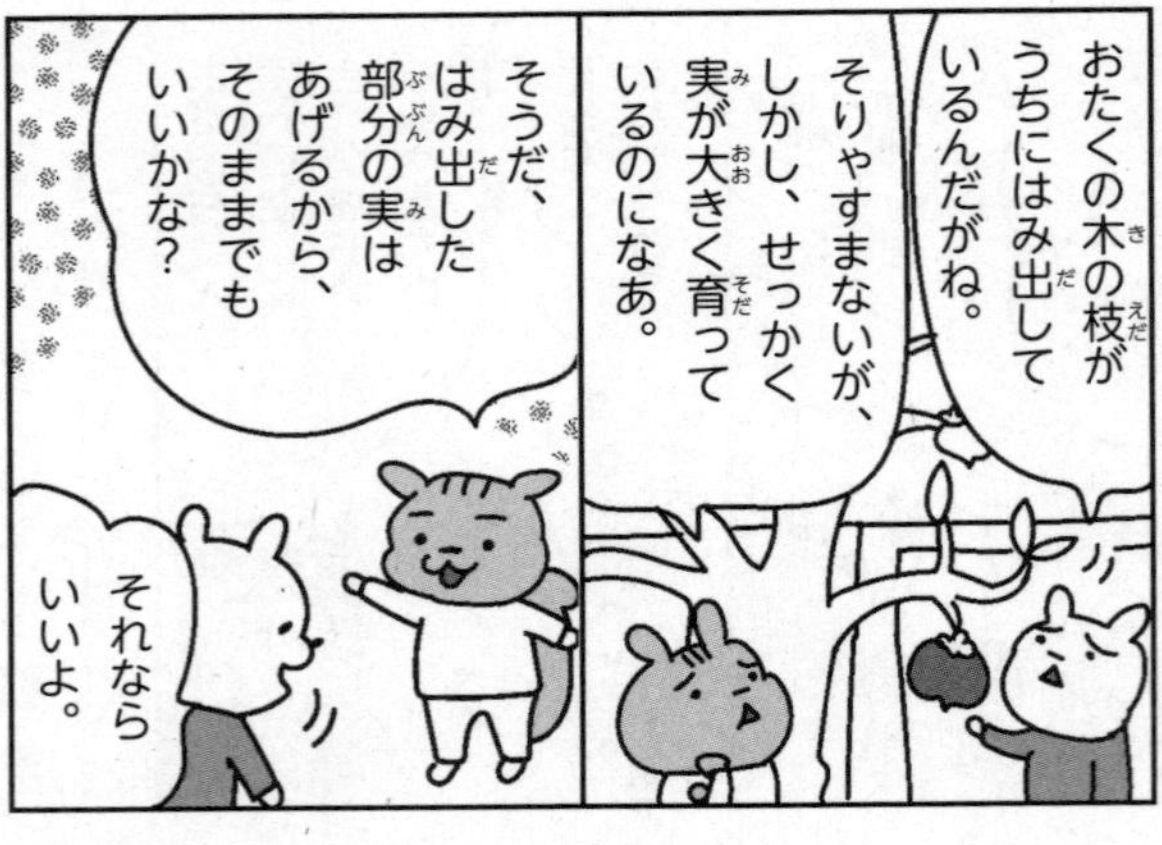

おたがいの意見を取り入れて、話に（　③　）いた。

答え ①言葉を濁す　②座が白ける　③折り合いが付

795 相槌を打つ

相手の話に合わせてうなずいたり共感したりして、調子を合わせて短い言葉を入れる。

せっかく、十二支決定戦に参加しようと思ったのにさあ。
えらい！
でもネズ男のやつ…
うその日付を教えたのよ！
ひどい！
私はネズ男を許さないわ!!
うんうん。

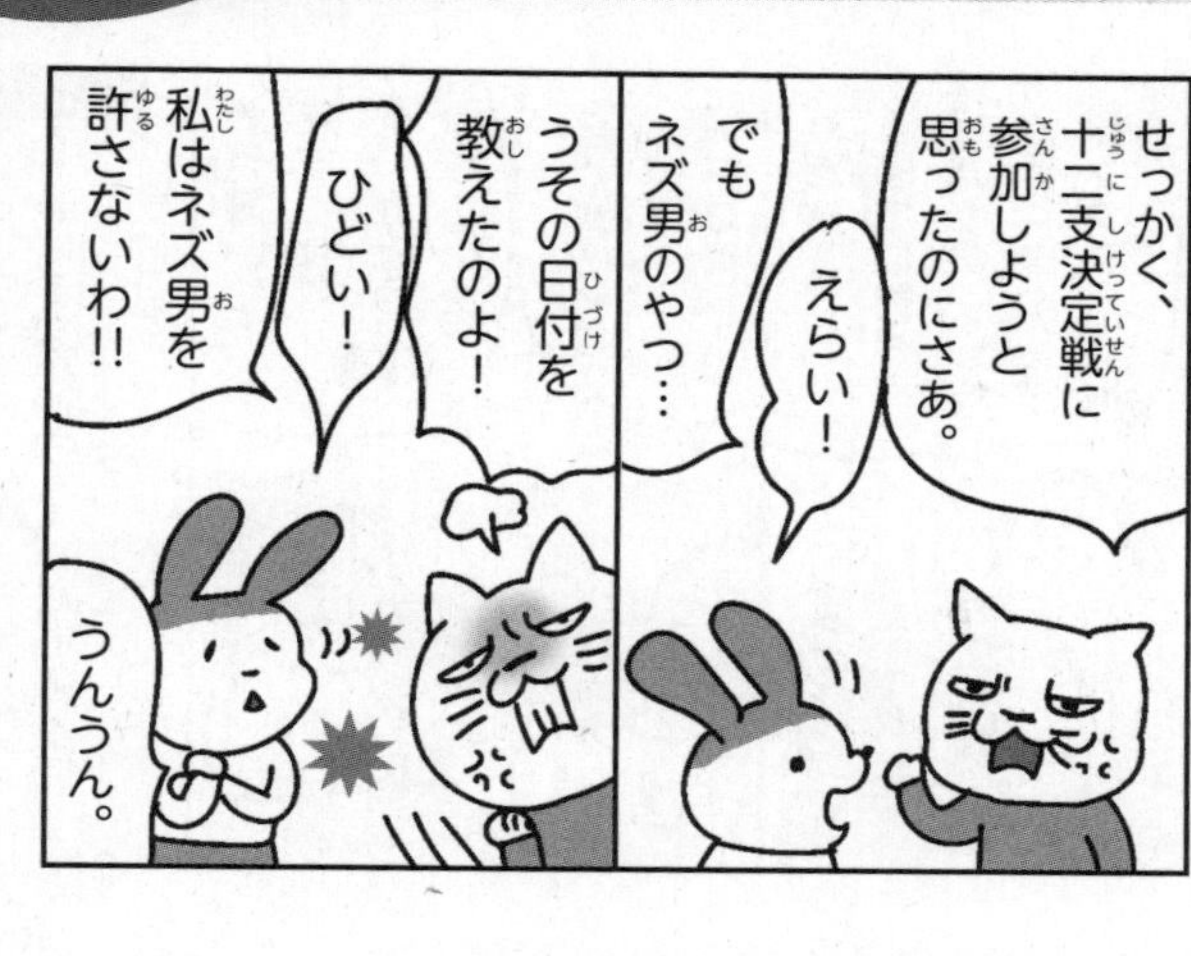

友人のぐちに（④）。

796 平行線をたどる

話し合いをしていても双方の意見が合わず、決着がつかない。

好みがちがう二人の議論は、いつも（⑤）。

797 返す言葉がない

自分のまちがいなどを相手に指摘されて、言い返す言葉が見つからない。

先生の言うことには（⑥）かった。

答え　④相槌を打つ　⑤平行線をたどる　⑥返す言葉がな

798

言うに事欠いて

言う必要がない。ほかに言い方があるはずなのに、よりにもよって。


お見舞いに来てくれてありがとう。うれしいよ。

おそくなってごめんね。実はさあ…

みんなで遊園地に寄ってきたからおそくなっちゃって。

そうなんだ、よかったね…。

いいな…

ばか!!


（　①　）、病人の前で言うことではありません。

799

言葉の綾

言葉を使ったうまい言い回し。言葉をうまく使い、どのようにでも解釈できるような表現をすること。

「聞いていた話とちがうよ！」
「いや、（　②　）ってやつだ。」

800

言葉を尽くす

自分の気持ちを表現するために、思いうかぶだけの言葉をたくさん使ってくわしく説明する。


それでさ、こっちの人が黒幕だと思わせておいて、本当は別の人が犯人だったわけだけどさ。

ふーん。

実は、前の巻の表紙が伏線に…。

ふーん。

こんなに一生懸命に説明しているんだから!!

少しは関心もってよ！


（　③　）して説明しているのに、どうしてわかってくれないんだ。

答え ①言うに事欠いて ②言葉の綾 ③言葉を尽く

覚えた言葉を確かめよう！

キャッチアップ！クイズ 42

［　］に入る言葉を、［　］から選ぼう。

①夢だったカフェをオープンしたが、［　］毎日だった。

②たくさんお客さんが来てくれるようになり、［　］いそがしさになった。

③新しいお店をつくり、チェーン店化に［　］こととなった。

④［　］という気持ちで、これからもがんばっていこう。

猫の手も借りたい　閑古鳥が鳴く

初心忘るべからず　手を広げる

➡答えは367ページにあります。

総さくいん

あ

い

う

え

お

か

ことわざ　さくいん

慣用句　さくいん

答え キャッチアップ！クイズ

▼01（17ページ）
①狸 ②猫 ③蛇 ④蛙

▼02（47ページ）
①たか（鷹）
②うま（馬）
③まないた（俎板）
④どろぼう（泥棒）

▼03（55ページ）
①船 ②馬 ③鳥

▼04（61ページ）
①目の上のこぶ
②月とすっぽん
③仏の顔も三度

▼05（67ページ）
①夏の虫 ②提灯 ③杵柄
④鯛 ⑤牡丹餅

▼06（75ページ）
①イギリス ②韓国 ③インド

▼07（91ページ）
①青天の霹靂

▼08（97ページ）
①錆 ②福 ③天 ④口

▼09（105ページ）
①鶴 ②雀 ③鷹 ④鴨

▼10（115ページ）
①十 ②二 ③三

▼11（121ページ）
①りょうやく（良薬）
②つえ（杖）
③しょうせつ（小説）
④くい（杭）

▼12（127ページ）
①隣の花は赤い
②下手の横好き
③鬼の目にも涙

▼13（137ページ）
①ドイツ ②スペイン
③ポルトガル

▼14（147ページ）
①回れ ②呼ぶ ③杖
④締めよ ⑤力持ち

▼15（165ページ）
①わたりにふね（渡りに船）
②しらぬがほとけ（知らぬが仏）
③いちじがばんじ（一事が万事）

▼16（171ページ）
①風 ②火 ③山

▼17（179ページ）
①目を付ける ②足が出る
③息を呑む ④へそを曲げる

▼18（187ページ）
①鶴 ②猫 ③狐 ④尻尾

▼19（195ページ）
①エ ②イ ③ア ④ウ

▼20（203ページ）
③狐につままれる

▼21（215ページ）
①身に染みる ②種を明かす
③食わず嫌い

▼22（221ページ）
①鯖 ②塩 ③梨 ④草鞋

▼23（227ページ）
①たけのこ ②豆 ③飴 ④胡麻

▼24（235ページ）
①火 ②水 ③風

▼25（241ページ）
①あご（顎） ②てだま（手玉）
③ごて（後手） ④やま（山）

▼26（247ページ）
②嘘から出たまこと

▼27（253ページ）
①目が無い
②目が眩む
③目の敵
④目頭が熱くなる

▼28（259ページ）
①手を付ける
②根掘り葉掘り
③目の色を変える

▼29（265ページ）
①木 ②草 ③花

▼30（271ページ）
①イ ②ア ③エ ④ウ

▼31（277ページ）
②心

▼32（283ページ）
①すくめる ②上げる
③食いしばる ④盗む

▼33（289ページ）
①手 ②足 ③頭

▼34（301ページ）
①舌 ②顔 ③口 ④鼻

▼35（307ページ）
④善は急げ

▼36（317ページ）
①エジプト ②中国 ③ドイツ

▼37（323ページ）
①うそ（嘘）
②みやこ（都）
③きよみず（清水）
④せいこう（成功）

▼38（333ページ）
①失敗は成功の母

▼39（339ページ）
①茶 ②黒 ③白

▼40（345ページ）
③目を丸くした

▼41（351ページ）
①立つ鳥跡を濁さず
②蛙の子は蛙
③急がば回れ
④石橋を叩いて渡る

▼42（357ページ）
①閑古鳥が鳴く
②猫の手も借りたい
③手を広げる
④初心忘るべからず

監修

高濱 正伸（たかはま・まさのぶ）

花まる学習会代表。1959年、熊本県生まれ。東京大学農学部卒業。同大学院修士課程修了。学生時代から予備校等で受験生を指導する中、学力の伸び悩み・人間関係での挫折と引きこもり傾向などの諸問題が、幼児期・児童期の環境と体験に基づいていると確信。1993年、「メシが食える大人に育てる」という理念のもと、小学校低学年向けの学習教室「花まる学習会」を設立（現在は年中～中学生）。2015年より、佐賀県武雄市で官民一体型学校を開始。著書多数。

田畑 敦子（たばた・あつこ）

埼玉県出身。花まる学習会教材開発部所属。花まる学習会の教室で年中から小学6年生までの子どもたちの指導を行いながら、作成に携わった教材に取り組む子どもたちの様子や反応を見るのがいちばんの楽しみ。幼少期から本に親しみ、子どもたちにも本のおもしろさを伝えたいと、教室で行う読書ラリーを作成。毎年行われている作文コンテストの統括を担当するなど、子どもたちの国語の力を楽しく伸ばせるようなコンテンツ作成を行っている。

花まる学習会ホームページ　https://www.hanamarugroup.jp/hanamaru/

STAFF

構成・執筆　梨子木志津・三井悠貴・葛原武史・和西智哉（カラビナ）／森ヒロ
マンガ　藤井昌子／タバタノリコ／吉田一裕／喜多桐スズメ／波打ベロ子／すぎうらゆう
本文デザイン　芦澤 伸・内山智江（東光美術印刷）
校正　くすのき舎

マンガでわかる！
10才までに覚えたいことわざと慣用句800

2025年　5月10日　第1刷発行

監　　修　高濱正伸・田畑敦子
発 行 者　永岡純一
発 行 所　株式会社永岡書店
〒176-8518　東京都練馬区豊玉上1-7-14
代表 03-3992-5155　　編集 03-3992-7191

印　　刷　誠宏印刷
製　　本　大和製本

ISBN978-4-522-44189-3　C6081